Das Fetisch-Experiment

Caroline Sieling & Viktor Vosko

Das Fetisch-Experiment

Undercover in der Szene

ueberreuter

1. Auflage 2015

ISBN 978-3-8000-7638-3

Für die Veröffentlichung des Buches wurden alle vorkommenden Namen geändert. Etwaige Übereinstimmungen mit tatsächlichen Namen sind zufällig und nicht beabsichtigt.

Covergestaltung: Saskia Beck, s-stern.com
Satz: Ekke Wolf, typic.at
Druck und Bindung: Finidr s.r.o.

www.ueberreuter-sachbuch.at

INHALT

Prolog 11

Teil 1
Feuchte Höschen – Süsse Söckchen

Sind wir nicht alle ein bisschen Fetisch? 17
Wie alles begann – eine Lolita als Mitbewohnerin 18
Crazy Caroline 23
Tag 1: Lasst die Spiele beginnen 25
Tag 2: Freaks, Freaks, Freaks 26
Tag 7: Der erste schmutzige Deal 30
Tag 14: Feuchte Höschen, süße Söckchen, leere Taschen 34
Tag 18: Höschen for sale 35
Tag 23: Teddy mag Füße 37
Tag 24: Planänderung 38
Tag 25: Das Experiment 39
Tag 29: Die erste Session 41
Tag 30: Ein Monat Sünde 45
Tag 35: Teenieboy kehrt zurück 47
Tag 39: Danke für alles! 50

Wissenswertes zum Thema Fußfetisch 53

Teil 2
Fingerspiele und Goldener Saft

Tag 55: Prostituiertenstammtisch 63
Tag 58: Fußlecker sucht Herrin 65
Tag 59: Sklavenbootcamp 67
Tag 61: Mit dem Menschenhund im Park spazieren 69
Tag 67: Domina Nachwehen 72
Tag 69: Meine größte Fantasie 73
Tag 71: Ein besonders romantisches Dinner 75
Tag 72: Überraschungen 78
Tag 75: Üblicherweise nur zwei Minuten 79
Tag 80: Spannungen 80
Tag 83: Liebesnest 82
Tag 87: Die Geschichte von Horny Heinrich 82
Tag 90: Bin ich eine Prostituierte? 87
Tag 90: Bin ich ein Zuhälter? 90
Tag 91: Dr. Watson, der Ponymann 93
Tag 92: Gedanken 99
Tag 120: Das flüssige Gold 103
Tag 121: Mondscheinzeit 104

Wissenswertes zum Thema Natursekt 109

Teil 3
Von Zöglingen und Zofen

Tag 123: Die strenge Herrin Marion 119
Tag 125: Der Alleslecker 120
Tag 129: Krieg 124
Tag 133: Zögling Ludwig 126
Tag 135: Herrin Marion, Mr. Belvedere und der Zögling 129
Tag 139: Zofe Julia 130

Tag 141: Der Penisnadelmann 133
Tag 142: Gewissensbisse 138
Tag 145: Ein völlig normaler Arbeitstag 139
Tag 150: Das eigene Büro 141
Tag 155: Taxi Driver 143
Tag 162: Realitäten 147
Tag 168: Die Praktikantin Lynette 148
Tag 180: Eine Ära geht zu Ende 149

Epilog 155
Nachwort Caroline 157
Nachwort Viktor 160
Die Top 10 der verrücktesten Fetische 161
Wie verkaufe ich meine Höschen im Internet?
Eine Anleitung in 11 Schritten 170
Epilog 2 – Das war noch nicht alles 185

WARNUNG

Auf den mit der Fetischwelt nicht vertrauten Leser können die im Folgenden beschriebenen Ereignisse sowie die Wortwahl schockierend, abstoßend oder ekelerregend, wenn nicht sogar unglaubwürdig wirken.

Wir haben versucht, Ereignisse, Schauplätze und Gespräche aus unseren Erinnerungen und Aufzeichnungen zu rekonstruieren.
Um die Anonymität zu erhalten, haben wir die Namen von Personen und Orten geändert, außerdem wurden kennzeichnende Merkmale und Details wie körperliche Eigenschaften, Berufe und Wohnorte verändert.

Alle Ereignisse und Abläufe sind aber tatsächlich so passiert.

PROLOG

MR. FLAMINGO

Ich trage einen kurzen Rock, Ballerinas und ein Top, darunter einen BH mit Blümchenmuster. Kein Höschen. Meine langen blonden Haare habe ich zu zwei Zöpfen geflochten. Dieser Lolitastyle lässt mich um einiges jünger aussehen. Der Kunde erwartet schließlich ein 18-jähriges Schulmädchen und keine 26-jährige Hochschulabsolventin.

Ich stehe vor einem schicken Mehrfamilienhaus einer noblen Villengegend am Stadtrand. Vor mir ein Eisengitter, das zu den Eingängen der Apartments führt. Ich klingle an der vereinbarten Türnummer. Es steht keine Name drauf. Niemand antwortet. Habe ich die richtige Adresse? Ich läute nochmals. Wieder ist nur das Brummen der Gegensprechanlage zu hören. Wieder keine Reaktion. In meinen Gedanken spielen sich Horrorszenarien ab. Noch nie in meinem Leben war ich so nervös wie in diesem Moment. Bungee-Jumping, Fallschirmspringen – im Vergleich hierzu ein Kindergeburtstag!

... immer noch keine Reaktion – Gott sei Dank! Vielleicht ist er nicht zu Hause und ich kann mich davor drücken. Doch dann. Ein kurzes Knacken, das typische Surren des Türöffners. Nun gibt es kein Zurück. Es geht los ...

Seit drei Monaten läuft das Experiment. Vieles habe ich erlebt und dabei eine gewisse Routine erlangt. Doch heute ist alles anders. Heute werde ich gleich zwei unserer Zehn Gebote brechen. Es ist das erste Mal, dass ich einen Klienten in seiner Wohnung besuche. Normalerweise finden solche Treffen an öffentlichen Orten oder in einer Umgebung statt, die mir vertraut ist und wo Viktor sofort einschreiten kann, wenn etwas passieren sollte. Der zweite Grund für meine Nervosität ist dieser spezielle Wunsch ...

Ich überquere eine Gartenterrasse und bin auf der Suche nach Stiege zwei. Neben mir spielen Kinder, eine ältere Frau kommt mir entgegen, ich grüße sie verhalten. Was sie wohl denkt, wer ich bin?

Egal! Ich konzentriere mich darauf, unauffällig weiterzugehen. Los Caroline! Ich versuche mich selbst zu pushen und alle Ängste und Sorgen auszublenden. Ich erreiche Stiege zwei. Eine weitere Tür mit Gegensprechanlage. Ich klingle – diesmal geht die Tür sofort auf. Ich steige die Stufen hinauf. Jeder Schritt hallt durch das ganze Treppenhaus. Der erste Stock – ich bin angekommen und stehe vor der richtigen Tür. Sie ist halb offen. »Mister Flamingo« – wie er sich selbst nennt – erwartet mich also schon. Langsam betrete ich das Vorzimmer und sofort brennt sich ein merkwürdiger Geruch in meine Nase. Es riecht, als ob jemand Hunderte Zigaretten geraucht hat. Ich hasse den Geruch und das verstärkt nur meine Nervosität und meinen Widerwillen hier zu sein. In meinen Gedanken sehe ich ihn bereits vor mir: einen fetten, widerlichen, nach Schweiß stinkenden Typen mit Schnauzbart, verfaulten braunen Zähnen, vom Nikotin gelb gefärbten Fingern und einem frauenverachtenden Grinsen.

Der Vorraum ist dunkel. Ich ziehe zuerst meine Schuhe und dann meine Strümpfe aus und gehe vorsichtig ins Wohnzimmer. Da liegt er. Komplett nackt auf dem Boden. Unter seinem Kopf ein Handtuch. Ein ca. 40-jähriger Mann, zu meiner Überraschung durchtrainiert und nicht unattraktiv. Jetzt sieht er mich an. Sein Blick ist eine Mischung aus Aufregung und Sehnsucht. Ich gehe auf ihn zu, ziehe meinen Rock hoch und hocke mich über sein Gesicht. Nur zehn Zentimeter trennen sein Gesicht von meinen Geschlechtsteilen. Weder ich noch er sagen etwas. *Ich könnte sowieso nicht sprechen, selbst wenn ich wollte.* Aber ich kann auch nicht tun, was er von mir erwartet.

Sekunden später … oder sind es bereits Minuten? Endlich verlässt die Anspannung meinen Körper und vor allem meine Blase. Neugierde und Schock durchdringen mich. Ich blicke hinunter und sehe ihn zum ersten Mal wirklich. Ich beobachte, wie mein Urinstrahl direkt in seinen Mund fließt. Gierig und hingebungsvoll schluckt er jeden Tropfen meines gelben Saftes. Mein Strahl wird stärker und manchmal scheint es, als ob er nicht alles schlucken kann. Ich sehe, wie mein Harn an seinen Mundwinkeln vorbeiläuft und das Handtuch gelb färbt. Der Rest landet auf dem blanken Boden.

Die Minuten vergehen, kein Wunder, meine Blase ist zum Bersten voll. Ich hatte mich auch ausreichend darauf vorbereitet und war den ganzen Tag mit Trinken beschäftigt gewesen. Nun versuche ich, so schnell wie möglich fertig zu werden, denn ich spüre bereits das Brennen in meinen Oberschenkeln. *Eigentlich ein gutes Bauch-Bein-Po-Work-out. Es ist schließlich nicht einfach, diese Hock-Piss-Position zu halten.*

Trotz der Hoffnung, diese Pinkel-Session so schnell wie möglich zu beenden, muss ich noch eine Weile meine Beinmuskeln beanspruchen, denn meine Blase scheint topfit zu sein und mein goldener Saft fließt aus mir wie aus einer frisch gepressten Orange, oder besser ... Dutzenden Orangen. Dies gibt mir aber auch Zeit, mich in seiner Wohnung umzusehen. Trotz des fast bestialischen Geruchs sieht die Wohnung sehr sauber und gepflegt aus, fast so, als wäre dies sein geheimer Ort, an dem er so richtig entspannen kann. Keine Fotos oder persönlichen Gegenstände, die andeuten könnten, wer er ist oder was er macht. Nur ein Sofa, Fernseher, ein Tisch und eine Sammlung von Büchern. Bevor ich weiter ermitteln kann, bemerke ich, dass meine »Strömung« immer leichter wird und meine Quelle bald versiegt. Die letzten Tropfen fallen auf sein Gesicht und ich richte mich auf, um schnell und diskret den vereinbarten Betrag zu finden.

Mein Auftrag lautet, ihn in seiner Wohnung aufzusuchen, ihm meinen »Natursekt« direkt in den Mund zu gießen – »von der Quelle«, wie man in der Szene sagt –, das Geld zu nehmen und zu verschwinden. Das alles, ohne ein Wort zu sprechen. Doch keine Spur vom vereinbarten »Taschengeld«. Hat er mich gar beschissen und ausgenutzt? Auf eine Diskussion habe ich keine Lust. Bloß raus hier. Das Geld ist mir jetzt egal.

Doch da liegen sie: 150 Euro, schön platziert auf dem Fernseher. Ich nehme das Geld und verschwinde, ohne mich vollständig anzukleiden. Ich will einfach nur raus. Als ich die Wohnung verlasse, liegt Mr. Flamingo immer noch wortlos auf dem Boden inmitten einer Lacke aus Urin. Erleichterung und Adrenalin durchströmen meinen Körper. Ich werfe einen Blick in meine Hand. 150 Euro. Ich kann es kaum fassen. Ich pinkle auf einen wildfremden Typen und verdiene 150 Euro in nur fünf Minuten! Im Stiegenhaus wartet Viktor auf mich. Ich stecke das Geld in meine Handtasche und wir hasten aus dem Gebäude. Auf dem Weg zur U-Bahn werde ich nachdenklich.

Unglaublich! Während meiner Studienzeit habe ich 15 Stunden arbeiten müssen, um diesen Betrag zu verdienen. Nach 15 Stunden Arbeit kam ich müde und erschöpft nach Hause und wollte nur noch schlafen. Jetzt bin ich weder müde noch erschöpft. Ganz im Gegenteil. Ich fühle eine Art von Euphorie und ich fühle mich lebendig. Und ich bin stolz! Ich hab's durchgezogen. Habe meine eigenen Grenzen erneut überschritten.

Mein Name ist Caroline, ich bin 26 Jahre alt, aus gutbürgerlichem katholischem Haus und habe gerade mein Studium der Kommunikationswissenschaften mit ausgezeichnetem Erfolg absolviert. Aber für diejenigen, die mich online auf diversen Fetischforen kennengelernt haben, bin ich Tina (Spitzname: Tinahäschen97), 18 Jahre alt und eine Schülerin, die sich gerade auf ihre Matura vorbereitet. Ich bin aber nur die eine Hälfte von Tina. Die zweite Hälfte ist männlich und heißt Viktor.

TEIL 1

Feuchte Höschen – süße Söckchen

Fetischismus *der, —, Psychologie: von* A. BINET *1887 eingeführte Bezeichnung für ein abweichendes Sexualverhalten, bei dem sexuelle Erregung und Befriedigung ausschließlich oder überwiegend durch sexuelle Handlungen mit bestimmten Gegenständen, Umständen oder Eigenschaften bzw. Körperteilen der Partner erreicht werden. Festlegungen betreffen häufig Kleidungsstücke (Schuhe, Wäsche), Materialien (Leder, Latex), Körperregionen (Füße, Gesäß) und Körperausscheidungen (Kot, Urin). Eine Behandlung mit Psycho- oder Suggestionstherapie ist zu erwägen, wenn das Verhalten zu sozial nicht akzeptierten Handlungen (z. B. Diebstahl) oder persönlichen Belastungen führt.*

(Brockhaus, 21. Auflage, 2006)

SIND WIR NICHT ALLE EIN BISSCHEN FETISCH?

Hat Sie der Prolog angewidert? Ist die Vorstellung dieser Sexualpraktik absolut nichts für Sie? Alleine der Gedanke lässt Sie schaudern? Gut! Dennoch halten Sie dieses Buch in Ihren Händen und lesen hoffentlich fasziniert weiter. Warum? Ganz einfach – weil das Verbotene, Sündige die Menschen immer schon stärker angelockt hat als das Züchtige, Moralische. Der Riesenerfolg der erotischen Roman-Trilogie »50 Shades of Grey« und deren Verfilmung zeigt eines ganz klar: Das Interesse an der »dunklen Seite« der sexuellen Vorlieben scheint so groß zu sein wie nie zuvor. Bondage und Sadomasopraktiken sind schon fast salonfähig geworden, stellen aber nur die Spitze des Eisbergs in der Welt des Fetischs dar.

Vielleicht hat Sie der Erfahrungsbericht von Caroline aber auch erregt. Vielleicht haben Sie sich selbst dabei ertappt, dass der Gedanke, eine Urindusche zu bekommen, ein geheimer Wunsch von Ihnen ist (wobei das unserer Erfahrung nach fast ausschließlich Männer sind). Viele müssen ihre Sexualität erst selbst erkunden. Was turnt uns wirklich an? Jeder hat sexuelle Vorlieben. Doch wie ehrlich und offen leben wir diese aus?

Alles begann mit einer Geschäftsidee: Kann man mit getragenen Höschen wirklich Geld verdienen? Die kurze Antwort: Man kann. Doch man kann noch viel erfolgreicher sein, wenn man bereit ist, auch andere Wünsche – besondere Wünsche – zu erfüllen. Und so entstand aus harmlosem Höschenverkauf ein journalistisches Experiment. Wie weit waren wir bereit zu gehen? Welche Grenzen würden wir überschreiten? Wir erlebten die Welt der Fetischisten und ihrer Bedürfnisse nicht aus Büchern, Filmreportagen oder Zeitungsartikeln. Nein. Wir drangen tief ein in diese Welt. Sie wurden Teil unserer Realität und wir wurden Teil ihrer Fetischwelt.

Ein 50-jähriger Banker, der sich selbst »Zofe Julia« nennt und es liebt, Damenunterwäsche zu tragen. Ein 17-jähriger Lehrling wünscht sich nichts sehnlicher, als in die Hoden getreten zu werden. Ein 35-jähriger Geschäftsmann, dessen Fetisch es ist, Geld zu verschenken! Für ihn eine völlig normale Sache. Für uns war es das zu Beginn unseres Experiments nicht. Es dauerte eine Weile, bis wir uns an diese »Parallelwelt«, die Fetischwelt mit all ihren Blüten des Andersseins gewöhnten. Diese Realität war schockierend und faszinierend zugleich.

Vor dem Experiment waren für Caroline und mich Fetischisten einfach nur Freaks, die nicht normal sind. Menschen mit perversen, bizarren, merkwürdigen sexuellen Verlangen, die irgendwo im Untergrund lebten. Oder auf schlechten TV-Sendern. Wir hatten uns mit dem Thema auch nie beschäftigt. Wir wussten nicht, welche Arten von Fetischen existieren: Wie werden sie ausgelebt? Wie entstehen sie? Und wer sind die Menschen hinter dem Fetisch? Wir starteten dieses Experiment völlig ahnungslos und naiv. Doch in den folgenden Monaten sollten wir viele Antworten auf diese Fragen finden und den Begriff »normal« immer wieder hinterfragen und neu definieren. Das Experiment veränderte nicht nur unsere Sichtweise, es veränderte auch uns ...

Mein Name ist Viktor. Ich bin 30 Jahre alt, habe Publizistik studiert und arbeite nebenbei in der Medienbranche. Ich bin die zweite virtuelle Hälfte von Tina. Ich organisiere die Aufträge, führe die Korrespondenz mit den Kunden übers Internet und begleite Caroline zu ihren Jobs. Meine Aufgaben erinnern stark an die eines Zuhälters, doch ich selbst würde mich eher als kreativen Sprachkünstler beschreiben. Ich musste nur daran denken, wie ein 18-jähriges, naives Schulmädchen zu schreiben. Mit vielen Smileys am Ende der Sätze bekam ich das ganz gut hin ;)

WIE ALLES BEGANN – EINE LOLITA ALS MITBEWOHNERIN

Dieses Jahr wurde ich 30 Jahre alt. Bei runden Geburtstagen wird man immer etwas nachdenklich. Was habe ich bis jetzt erreicht im Leben? Bin ich zufrieden, und wie wird es weitergehen? Ich bin Akademiker und wohne in einer heruntergekommenen Wohngemeinschaft. Immer noch. Ich habe mein Studium zwar mit Auszeichnung abgeschlossen. Geld, Festanstellung, geregeltes Leben, fixe Freundin – Fehlanzeige. Das hat sich in den letzten zehn Jahren nicht verändert. Während viele meiner ehemaligen Studienkollegen einen gut bezahlten Job haben, heiraten und Kinder zeugen, versuche ich seit Jahren meinen Lebenstraum zu verwirklichen.

Ein opulentes, humorvolles Theaterstück über John Rambo. Ganz im Stil eines Mel Brooks. Ich bin seit Kindheitstagen Fan von ihm und nicht umsonst habe ich meine Masterarbeit über ihn verfasst. Seit vielen Jahren versuche ich, dieses Projekt zu verwirklichen. Und seit Jahren kämpfe ich gegen Windmühlen. Aber ohne Beziehungen zum Kulturgeschäft, ohne (einfluss)reiche Eltern, ohne Geld ist es verdammt hart. Mehr noch. Ein vermeidbarer Rechtsstreit, in den ich durch das Projekt hineingeschlittert bin, verzögert alles und durch die horrenden Anwaltskosten hat sich ein riesiger Schuldenberg gehäuft. Es scheint unmöglich zu sein, meine Träume zu verwirklichen. Dennoch lasse ich mich nicht abhalten, auch wenn die Eltern und die Verwandtschaft mich auf den rechten Weg der Bürgerlichkeit bringen wollen. Ich bin nun mal ein Sturkopf und viele halten mich für einen ewigen Studenten, der irgendwelchen Illusionen nachläuft. Mag sein. Es ist meine Entscheidung.

Ich lebe von einem Gelegenheitsjob zum nächsten. Fixanstellungen sind in der Medienbranche selten. Und so versuche ich die Probleme des Alltags irgendwie zu überwinden. Eines davon hatte ich vor Kurzem gelöst. Eine neue Mitbewohnerin zog in das frei gewordene Zimmer in meiner WG ein, denn nur zu dritt war es möglich, die abartig hohen Mietpreise in dieser Stadt bezahlen zu können. Es ist immer spannend, neue Mitbewohner zu bekommen. Denn das Leben kann sich plötzlich total verändern …

Bereits nach zwei Wochen des Zusammenlebens fielen mir drei Sachen an meiner neuen Mitbewohnerin auf, die ungewöhnlich waren. Doch für das bessere Verständnis sollte ich zuerst beschreiben, wer sie war. Ihr Name war Gerlinde, 18 Jahre alt, sehr hübsch und gut gebaut. Stellen Sie sich eine typische Lolita vor. Volle Lippen, lange Haare, weibliche Rundungen, unschuldig, verführerisch und unglaublich naiv. Des Weiteren hatte sie eine sehr freundliche Art, immer ein Lächeln im Gesicht und war alles andere als schüchtern. Gustav, mein zweiter Mitbewohner – der aufgrund seines Jobs so gut wie nie zu Hause war – und ich hatten Dutzende Bewerber, die das Zimmer in unserer 3-er-WG haben wollten. Doch Gerlindes liebenswürdige Art hatte uns sofort überzeugt. Ihr lolitahaftes Aussehen vielleicht auch ein bisschen. Sie war noch Schülerin, das war neu für uns. Normalerweise wohnten wir mit Studenten zusammen. Es war ihre erste WG. Sie wohnte noch bei ihren Eltern, doch mit denen gab es nur Stress und Streit, wie sie uns erzählte. Deshalb wollte sie dringend raus von zu Hause und endlich ihr eigenes Leben leben.

Ich hatte ja schon viele Mitbewohner im Laufe meiner Studienzeit, aber ich hatte noch keinen und keine erlebt, die jeden zweiten Tag einen Typen mit nach Hause schleppte. Und jedes Mal einen anderen Kerl! Ich bin ja selbst kein Kind von Traurigkeit, aber diese Quote an Aufrissen war schon sehr extrem. Die zweite Sache war: Gerlinde kochte nie. Solche Menschen soll es ja geben, aber wenn man Student ist, kann man es sich normalerweise nicht leisten, jeden Tag Essen nach Hause liefern zu lassen. Für Gerlinde war das kein Problem. Die Pizzaschachteln, Styroporbehälter und Nudelpappboxen stapelten sich in ihrem Zimmer. Am Nachmittag saß sie in Cafés, speiste dort und abends gab's Essen vom Lieferservice. Was ist daran ungewöhnlich? Nun ja – sie ging nicht arbeiten und hatte auch keine reichen Eltern, die sie großzügig unterstützten. Die dritte Sache war: Sie war ständig mit ihrem Handy beschäftigt. Gut, vielleicht ist das ein Ding der nächsten Generation, aber alle zehn Minuten eine Nachricht schreiben? Einige Wochen später hatten sich all diese Fragen von selbst beantwortet.

»Ich muss dringend mit dir sprechen« – eine SMS von Gerlinde. Sie will sich mit mir im Park treffen, es gibt etwas, das sie sehr belastet und sie braucht dringend meinen Rat. Mit einem Lächeln und einer Umarmung begrüßt sie mich. Gerlinde schaffte es, sofort den Beschützerinstinkt im Manne zu wecken. Dann sah sie mich mit ihren bambibraunen Augen an und sagte: »Stehst du auf getragene Höschen von jungen Mädchen?«

Ich musste mal schlucken und nachdenken. Scheiße! Hab ich aus versehen eines ihrer Höschen zu meiner Wäsche gepackt und sie vermutet nun Schweinekram von mir? Meine Gedanken sind sicher des Öfteren versaut, aber gebrauchte Höschen waren noch nie mein Ding. »Ööhhh, nein«, antworte ich lapidar und meiner Unschuld bewusst. »Nun ja, viele Männer stehen drauf und ich verkaufe meine übers Internet. Nur leider haben das jetzt meine Klassenkollegen herausgefunden und erzählen das überall in der Schule herum.«

BAM! Ich war sprachlos, fasziniert, geschockt und erregt. Die Vorstellung, dass meine junge Mitbewohnerin so versaute Sachen tat, machte mich ganz kribbelig und ich wollte alles darüber erfahren. Ich hatte Tausende Fragen. Fragen, die sie mir locker-lässig beantwortete, als ob es sich um ein harmloses Hobby wie Stricken handelte.

Wer kauft denn getragene Höschen im Internet?
– Na ja, Männer halt, alte, junge, ganz verschieden.
Wie kommt man denn auf so eine Idee?
– Ich hab da mal was auf einem Blog gelesen und mir gedacht, das probier ich auch. Ganz easy.
Hast du keine Angst, fremde Männer zu treffen?
– Ach nein. Die meisten sind ja echt nett. Meist auch ältere Herren, mit denen kann man sich auch total gut unterhalten.
Wo triffst du diese Männer?
– Bei der U-Bahnstation oder im Kaffeehaus.
Triffst du die alleine?
– Meistens schon, aber hin und wieder kommt auch eine Freundin mit.
Was verlangst du für ein Höschen?
– So zwischen 80 und 100 Euro!
Und verkaufst du da nur Höschen?
– Nicht nur, auch getragene Socken, Strumpfhosen, BHs, sogar alte Schuhe … alles, was die so haben wollen.
Und wie lange machst du das schon?
– Ohh, seit drei Jahren! Macht auch Riesenspaß.

Und wieder: WOW! Seit sie 15 Jahre alt ist, verkauft sie ganz unbeschwert wildfremden Männern ihre Unterwäsche. Die geilen sich an ihren getragenen Slips auf, finanzieren ihr so ein Leben in Saus und Braus und sie hat auch noch Spaß daran! Viele Gedanken gingen mir durch den Kopf, doch an einen Satz musste ich wieder und wieder denken: So zwischen 80 und 100 Euro! Ich hatte nur mehr Dollarzeichen in meinen Augen. Dieses 18-jährige Mädel lebte im Luxus, während sich unsereins trotz abgeschlossenen Studiums mit schlecht bezahlten Gelegenheitsjobs abmühte. Höschen verkaufen! Das kann ich auch! Nur viel besser und effektiver.

Oberlehrerhaft und natürlich nur das Beste im Sinn habend, riet ich Gerlinde, sofort mit dem Höschenverkauf aufzuhören. »Du versaust dir noch dein ganzes Leben, wenn das die Lehrer oder gar deine Eltern erfahren sollten!« In Wahrheit wollte ich irgendwie in dieses Geschäft einsteigen. So leicht kann man viel Geld verdienen! Geld, das ich dringend brauchte, und anrüchig war es auch noch. Das gefiel mir!

In den folgenden Tagen erfuhr ich immer mehr über ihr kleines Nebengeschäft. Zwei ihrer Freundinnen taten es ihr gleich und verkauften ebenfalls ihre Wäsche im Internet. Adriana verhökerte dabei ihre Höschen für 20 bis 30 Euro pro Stück und hatte bis zu dreimal täglich eine Übergabe. Susanne spezialisierte sich auf das Strumpf- und Söckchengeschäft. Bis zu 50 Euro das Paar. Doch das war Gerlinde längst zu billig. Für solche Summen bewegte sie sich nicht unnötig außer Haus. Sie hatte sich auf das »High Segment« spezialisiert. Die beiden waren auch öfters bei uns in der WG zu Besuch. Zwei junge Mädchen, die immer lachten, Spaß hatten und total kindlich und unschuldig wirkten. Wie man sich täuschen kann.

Gerlindes unmoralische Aktivitäten ließen mich nicht mehr los und ich erzählte ihr von meinen Plänen, irgendwie einsteigen zu wollen. Sie ermutigte mich sogar dabei und versprach, mir mit Rat und Tat zur Seite zu stehen. Sie fragte mich, ob ich jemand kenne, der das machen könnte. Sie selbst steige aber aus. Sie müsse sich nun wirklich auf die Matura konzentrieren! Perfekt. Alles, was ich nun brauchte, war eine Partnerin – eine Komplizin, die auch offen genug war für diese verrückte Idee. Ich konnte ja kaum meine dreckigen Boxershorts auf den Markt werfen.

Ich brauchte nicht lange zu überlegen. Meine ehemalige Studienkollegin Caroline war verrückt genug, jung, hübsch und genauso pleite wie ich. Sie jobbte nebenbei in einer Anwaltskanzlei und war auf der Suche nach einem richtigen Job, der mehr Aufregung bot, als blöde Akten zu sortieren, wie sie immer jammerte.

CRAZY CAROLINE

Ich erinnere mich noch gut. Das Erste, das ich fühlte, als Viktor mir von seiner Idee erzählte, war Eifersucht. Ich kannte Gerlinde von diversen Partys bei Viktor. Für mich war sie immer ein naives Kind. Ein Kind, das aber anscheinend smart genug war, mit schmutziger Unterwäsche Geld zu verdienen. Erst der zweite Gedanke war: Das ist doch total verrückt! Und genau deshalb muss ich das machen, ich konnte gar nicht anders, als Ja sagen. Ich war immer schon anders als die anderen. In der Schule nannten sie mich Crazy Caroline. Ich provozierte die Lehrer, legte mich mit Mitschülerinnen an, die mich ärgerten, und auch mit den Eltern ging ich keinem Streit aus dem Weg. Ich hatte ein irrsinnig großes Selbstbewusstsein, doch das ist seit dem Erwachsensein mit jedem Jahr etwas mehr verschwunden. Ich hatte mein Studium beendet und wollte nach gefühlt tausend Gelegenheitsjobs endlich etwas machen, das ich gelernt hatte und das mir Spaß machte. Etwas in der Medienwelt.

Aber jede Woche flatterte eine weitere Absage auf meine Bewerbungsschreiben ins Postfach. Und mit der Zahl der Absagen stieg auch mein Frustpegel. Ich begann an meinen eigenen Fähigkeiten zu zweifeln. Bin ich wirklich so untalentiert, dass mich niemand einstellen will? Ich hinterfragte mich ständig. Das junge Mädchen, das einst wusste, dass es alles schaffen konnte, dass es alles bekommen konnte, was es sich nur vorstellte, das gab es nicht mehr. Oder nur mehr ganz, ganz tief versteckt.

Alles, was blieb, waren diverse Studentenjobs. Flyer verteilen, kellnern, Telefonumfragen. Und mein Halbtagsjob in einer Anwaltskanzlei. Ich hasse Anwälte und ich hasse Akten. Und ich hasse es, wenn man jeden Cent dreimal umdrehen muss. Nur einmal in den Supermarkt gehen und einfach kaufen, was man möchte, ohne nachzudenken. Den besten Schinken, den exquisitesten Käse.

Es wurde höchste Zeit, etwas zu verändern, das wussten wir beide. Diese Höschengeschichte, das ist eine Story! Der Gedanke, etwas Eigenes zu schaffen, fühlte sich gut an. Als Undercoverreporter in diese Welt einzutauchen und richtig journalistisch zu arbeiten. Was man aus diesem Stoff alles machen konnte! Einen Artikel, eine Reportage, ja sogar ein Buch. Wir beschlossen, unsere Erfahrungen tagebuchartig festzuhalten. Die Fragestellungen: Kann man mit Höschenverkauf wirklich Geld verdienen? Ist es so einfach, wie Gerlinde erzählt? Wer kauft sowas und warum? Wir hatten auch schon den perfekten Titel. Der Höschenreport. Klingt doch sexy!

In den kommenden Tagen fühlte ich mich seit Langem wieder so richtig lebendig. Aufbruchstimmung. Aber je mehr Zeit verging und je länger ich darüber nachdachte, desto skeptischer wurde ich. Ich fühlte mich zwar geschmeichelt, dass Viktor mich zuerst gefragt hatte, aber war das wirklich alles, was ich tun musste? Jemanden treffen, ihm mein Höschen in die Hand drücken, Geld nehmen und wieder verschwinden. Es klang irgendwie zu einfach. Aber wenn Gerlinde das konnte, dann konnte ich das erst recht! Es wird Zeit, dass Crazy Caroline zurückkehrt aus ihrem schon zu lang anhaltenden Winterschlaf.

Tag 1

LASST DIE SPIELE BEGINNEN

Hallo ihr Lieben!

Mein Name ist Tina und ich bin 18 Jahre alt, schlank und zierlich. Leider habe ich mit meinen Eltern ziemlichen Stress und möchte daher von zuhause ausziehen. Da ich noch zur Schule gehe und bald maturiere, habe ich keine Zeit, nebenbei arbeiten zu gehen. Deshalb möchte ich euch über diesen Weg meine getragenen und oft feuchten Höschen ;) zum Kauf anbieten. Ich möchte so meine eigene Wohnung finanzieren, und irgendwie turnt es mich auch an, zu wissen, dass euch meine Unterwäsche aufgeilt ;) Auch meine süßen Söckchen oder andere Wäsche übergebe ich euch gerne persönlich oder schicke sie mit der Post.

Freue mich auf eure Anfragen entweder hier oder unter

Tina.haeschen97@gmx.at

Alles Liebe und bis bald,

eure Tina :)

Viktor:

Das ist sie. Unsere erste Anzeige im Internet. Es ist so aufregend, professionell unanständig zu sein. Es ist der erste Tag und wir sind hoch motiviert. Mit Freude bastelten wir an der Anzeige. Stundenlange Diskussionen, jedes Detail war uns wichtig. Unsere erschaffene Kunstfigur Tina sollte so authentisch wie möglich wirken und echte Gefühle, echte Emotionen transportieren. Nach unzähligen Figurenentwürfen und konstruierten Lebensläufen erkannten wir, nichts ist authentischer als die Wahrheit, und so ließen wir uns von der Geschichte meiner Mitbewohnerin Gerlinde inspirieren.

Wir legten unser Fakeprofil auf diversen einschlägigen Internetseiten und Foren an, richteten eine eigene E-Mail-Adresse ein, schalteten mehrere Anzeigen und ja, sogar ein eigenes Businesshandy wurde angeschafft. Caroline besorgte sich jede Menge neuer Unterwäsche, Slips, Tangas, Seidenstrumpfhosen, in verschiedensten Ausführungen und Farben. Ich begleitete Caroline bei ihren Einkäufen, schließlich waren wir Partner und ich musste mich mit unserem Kapital, Damenunterwäsche, genauer beschäftigen. »Kenne den Markt, kenne die Kundschaft und du wirst Erfolg haben.« Diesen Spruch hatte ich mal in irgendeiner Vorlesung aufgeschnappt und ich befolgte ihn gerne. Die Tage waren geprägt von unanständigen Witzen (wir ließen kaum einen Höschenwitz aus) und einer lange nicht dagewesenen Ausgelassenheit.

Tag 2

FREAKS, FREAKS, FREAKS

Viktor:

Ich wache auf und eile noch vor meinem sonst üblichen dringend notwendigen Morgenkaffee sofort zum Computer und schiebe die bösen Rechnungen, die sich schon zu lange auf meiner Schreibtischablage stapeln, zur Seite. Die Spannung steigt und ich bin putzmunter. 24 Stunden sind vergangen. Wie viele Menschen haben sich auf unsere Anzeige gemeldet?

Ich öffne Tinas Postfach und kann es kaum glauben: Wir haben über 50 E-Mails bekommen! Und das innerhalb eines Tages. Ich scrolle im Schnelldurchgang über die Mails und will schon eine Nachricht an Caroline schicken, dass wir viel mehr Höschen besorgen müssen. Doch nach dem Lesen der ersten Nachrichten ist die Euphorie rasch gebremst.

Gesendet: [redacted]
Von: »Dauergeil80« <[redacted]>
An: Tina.haeschen97@gmx.at
Betreff: **Hey!**

Wenn du mal Lust hast etwas mehr zu verdienen als mit deinen Höschen. Ich biete dir 1000 Euro für einen Abend voller Lust und Sünde. Melde dich!

Gesendet: [redacted]
Von: Mr._A_lot_of_cum <[redacted]>
An: Tina.haeschen97@gmx.at
Betreff: **Mmmhhhh….**

Hey! Wie geht's?
Mal Lust zu skypen oder so??
Lg Fred

Gesendet: [redacted]
Von: Blackandnice <[redacted]>
An: Tina.haeschen97@gmx.at
Betreff: **Freundschaft und mehr…**

Hallo,
Würdest du mich persönlich kennenlernen wollen? Ich bin ein schwarzer Mann, ich bin Anfänger, aber habe Lust, was Schönes zu erleben. Ich freue mich sehr auf eine nette und diskrete Art von Freundschaft oder ONS, auch schöne Stunden zusammen verbringen und was unternehmen können. Ich möchte dich direkt treffen, ohne Bilder hier zu tauschen.
LG Blacky P.

Gesendet: [redacted]
Von: Analschlampe _Jonas <[redacted]>
An: Tina.haeschen97@gmx.at
Betreff: **Analfisten**

Hola Tina, würdest du mich mit einem Strap-on und der Faust in meine Arschfotze ficken?
Lg Analschlampe Jonas

Gesendet: [redacted]
Von: Peepingtom4 <[redacted]>
An: Tina.haeschen97@gmx.at
Betreff: **Hallo Tina**

Hey Tina, du siehst soooo geil aus. Komm lass uns ficken. Mags gerne hart!
Dein Peepingtom4

Das war schon starker Tobak und kam für mich völlig unerwartet. Eine versaute Mail nach der anderen. In all diesen E-Mails sind nur zwei Anfragen, die auf Tinas Höschen bezogen waren und Kaufinteresse bekundeten. Alle anderen wollen entweder Sex, sich privat treffen oder Schlimmeres.

Na ja, was soll's. Ich muss diese Typen einfach in ein nettes Gespräch verwickeln und das Thema auf die Höschen lenken. Vielleicht kann ich ja doch einige davon überzeugen, eines zu kaufen. Ich fange mal mit diesem Peepingtom4 an. Der Name gefällt mir. Originell! Dazu hatte ich einen Bezug. Peeping Tom war auch der Name eines Skandalfilms aus den 60er-Jahren mit dem bis dahin immer braven Schauspieler Karlheinz Böhm. Besser bekannt als Kaiser Franz Joseph aus den Sissi-Filmen. In diesem Film spielte er einen perversen Voyeur. Der Film wurde damals von der Kritik vernichtet und vom Katholischen Filmdienst heftig kritisiert. Ja, dieser sollte der Erste sein!

Gesendet: [redacted]
Von: Tina.haeschen97@gmx.at
An: Peepingtom4 <[redacted]>
Betreff: **Halli Hallo**

Lieber Peepingtom4
Ich muss dich leider enttäuschen, aber ich biete keinen Sex an. :-(
Wenn du dennoch Interesse an meinen immer feuchten geilen Höschen hast, würde ich mich sehr freuen :-). Die Tage ist es ja besonders heiß und so sind meine Höschen noch feuchter für dich und duften

besonders intensiv nach mir ;) Per Post oder gerne auch mit persönlicher Übergabe. Damit ich bald von zuhause ausziehen kann. Melde dich! Würde mich freuen.:)
Deine Tina

Die erste Mail ist geschrieben. Nur mehr 49 vor mir. Puh, das wird ein langer Tag! Die Stunden vergehen und jede Anfrage wird mit vollem Eifer, höflich, ausführlich und auf alle Fragen eingehend beantwortet. Es ist komisch, sich als junges Mädchen auszugeben, und ich versuche den richtigen Schreibstil zu entwickeln. Verspielt, süß, spielerisch. Eine Mischung aus unschuldig und versaut. Es dauerte nicht lange, bis die ersten Rückantworten kamen. So auch von Peepingtom4.

Gesendet: [redacted]
Von: Peepingtom4 <[redacted]>
An: Tina.haeschen97@gmx.at
Betreff: Re: **Hallo Tina**

Hey Tina, aha also kein Sex. Verstehe. Könntest du mir wenigstens einen runterholen oder darf ich dich lecken? Warum bist du nicht für mehr zu haben? Welche Pornos schaust du gerne und wie lässt du dich am liebsten ficken? Dachte, du brauchst Geld?
Dein Peepingtom4

Ich fühle mich irgendwie missverstanden. Als ob man es mit dauergeilen beschränkten Freaks zu tun hätte. Peepingtom4 war bei Weitem nicht der Einzige, der nicht kapierte, worum es Tina ging.

Ich habe den Eindruck, dass auf diesen Foren wirklich alle Grenzen des Anstands fallen. Plumpe Mails, oft keine vollständigen Sätze, derbste Fantasien und Vorstellungen. Es scheint fast so, als wären alle Männer verkommene Kreaturen, die null Respekt vor einer Frau haben und für die das Wort Niveau ein Fremdwort ist.

Auch wenn ich x-mal klarmache, dass Sex nicht möglich ist, kommt schon die nächste derbe Frage. »Darf ich wenigstens dein Jungfötzchen lecken?« Ich habe das Gefühl, manche der Typen geilen sich bereits an der Konversation mit mir auf. Ich fühle mich benutzt. Es ist interessant, die Männerwelt aus der Perspektive einer Frau zu sehen, und so langsam verstehe ich manche Freundin, wenn sie mir erzählt, dass einige Männer einfach nicht kapieren, wenn eine Frau Nein sagt.

Stunden später: rechts neben mir drei leere Kaffeetassen, links neben mir immer noch die blöden Rechnungen ohne die Aussicht, sie jemals loszuwerden. Fünfzig Mails waren beantwortet. Vierzig neue waren im Posteingang. Ich war müde und ausgelaugt. Eine Sisyphusarbeit. Wie bei einer Hydra, bei der man den Kopf abschlägt und sofort wieder einer nachwächst, ist es auch bei den Anfragen. Jedes Mail wird sofort mit einem Gegenmail beantwortet, aber ohne Höschenverkaufsabschluss. Mein diszipliniertes und freundliches Vorgehen stellt sich bald als zu zeitraubend und nicht zielführend heraus. Es bleibt meist bei primitivem Sextalk und die Aussicht, einen dieser Freaks persönlich zu treffen, bereitet uns keine besonders guten Gefühle. Unser Bild von gewaltbereiten Triebtätern verfestigt sich, und wir beschließen, solche Menschen nur unter strengsten Sicherheitsvorkehrungen zu treffen. Wenn es überhaupt mal dazu kommen sollte ...

Tag 7

DER ERSTE SCHMUTZIGE DEAL

Caroline:

Ich stehe bei einer Straßenbahnhaltestelle in der Innenstadt. Es ist ein kalter Tag im Frühling und es regnet. *Toll.* Trotzdem muss ich meine nicht wasserfesten Turnschuhe tragen, die ich normalerweise nur beim Sport im Sommer trage. Aber er will es so. Er will Socken kaufen. Nicht irgendwelche Socken. Stinkende Socken! Aber das ist nicht der Höhepunkt der Geschichte. Mein heutiger und erster Kunde überhaupt ist erst 16 Jahre alt und weiß schon genau, was er will.

Ich weiß nicht, wie er aussieht. Ich weiß nur, dass er Markus heißt, eine schwarze Lederjacke trägt und dass wir uns um 15:00 Uhr hier treffen sollen.

Viktor hat ihm geschrieben, wie ich aussehe, damit er mich sofort erkennt. *Er muss mich einfach erkennen.* Das Problem: Ich stehe hier beim ausgemachten Treffpunkt und es wimmelt vor Menschen. Die einzige Person, die ich sofort erkenne, ist Viktor. Er hat sich auffällig unauffällig mit Zeitung und Sonnenbrille auf eine Parkbank in Sichtnähe gesetzt. Ich fühle mich zumindest sicher, da ich weiß, dass er da ist.

Wo bleibt er? Es ist schon 14:57. Nur noch drei Minuten! Abwarten. Er wird mich schon ansprechen. Es gibt nicht viele Mädels, die bei diesem Wetter Sportschuhe anhaben oder die lange blonde Haare haben. Hastig tippe ich eine SMS an Viktor.

Siehst du ihn?

Noch nicht. Warte, er wird kommen.

Es ist jetzt 15:05. Ich blicke links, ich blicke rechts, vor mir, hinter mir, aber ich sehe niemanden, der wie ein 16-jähriger Sockenliebhaber aussieht. Aber wie sieht so jemand eigentlich aus, dessen Vorliebe es ist, an stinkenden, verschwitzten Socken zu riechen? Ich warte weitere fünf Minuten und fange an zu zweifeln, ob er überhaupt auftaucht.

Siehst du ihn? Wie lange soll ich noch warten?

Keine Antwort …

Ich fange an, frustriert zu werden. Wo ist er? Hat mich Viktor alleine gelassen?

Ich gehe jetzt!

Warte, ich sehe jemanden.

Viktors Antwort kommt in der letzten Sekunde.

Wo?

Links hinter der Bushaltestelle!

Mein Adrenalinspiegel steigt wieder ... es wird spannend. Ich drehe mich um und sehe ihn. Er ist ca. 175 Zentimeter groß, hat kurze dunkelblonde Haare und wie versprochen trägt er eine Lederjacke. *Er sieht wirklich sehr jung aus.* Ich gehe langsam auf ihn zu und wiederhole gedanklich immer wieder meinen Namen, an den ich mich erst gewöhnen muss. *Tina, Tina, Tina, ich bin die 18-jährige Tina!*

Nun stehe ich vor ihm. Ich habe Angst mich zu verplappern. »Wartest du auf mich?«, frage ich ihn. Ängstlich und schüchtern sieht er mich an. »Bist du Tina?« Sehr gut, er hat mich an meinen Namen erinnert. »Genau, ich bin die Tina«, antworte ich entschlossen, obwohl ich mindestens genauso nervös bin wie er.

Wir unterhalten uns. Es ist nicht so einfach, alle seine Fragen zu beantworten, ich habe mich darauf nicht so richtig vorbereitet. Ich weiß nicht, in welche Schule ich gehe und in welchen Fächern ich maturiere. Spontan erfinde ich etwas, doch er will immer mehr wissen ...

Genug geredet, kommen wir zur Sache. Ich versuche, das Gespräch irgendwie auf seine Person zu lenken. Ich will wissen, wer er ist. Aber es gelingt mir nicht und plötzlich, ohne Warnung, fragt er mich, wie lange ich die Socken schon trage. Die Frage überrascht mich. Ich muss schnell eine Antwort finden. *Denk nach, Caroline!* Ein paar Sekunden vergehen. »Zwei Tage«, höre ich mich selbst mit leiser Stimme sagen. Ich räuspere mich und wiederhole es, diesmal mit größerer Überzeugung. Ich fange an, mir selbst zu glauben. *Was für eine Lüge, ich trage meine Socken nie länger als einen Tag. Und die, die ich heute anhabe, erst ein paar Stunden.*

Egal, er glaubt mir und ist schon ganz aufgeregt und sehr nervös. Ich will meine Socken schnell ausziehen und ihm in die Hand drücken, aber er findet den Treffpunkt viel zu öffentlich. *Toll, jetzt meckert er noch herum, anstatt die Transaktion zu beenden!* Ich sehe kein Problem. Wer soll uns beobachten oder merken, dass ich ihm meine stinkenden Socken übergebe? Aber jedes Mal, wenn ich anfange meine Socken auszuziehen, stoppt er mich. Er macht mich noch nervöser, als ich schon bin.

Das Ganze fühlt sich an wie eine Drogenübergabe. Als ob wir etwas Illegales tun.

Aber jetzt ist es so weit. Nachdem eine Mutter mit ihrem Kind und ein Polizist an uns vorbeigegangen sind, sehe ich meine Chance. Ich setze mich auf eine Parkbank, ziehe meine Socken schnell aus und drücke sie ihm in die Hand. Er nimmt seine Geldbörse heraus und fängt an zu zählen, 50, 60, 65. Er fragt mich, ob 65 Euro in Ordnung sind. *Was soll das? Sind wir hier auf einem Kuhmarkt?* Ich mache ihm klar, dass wir uns auf 70 geeinigt haben und es dabei bleiben soll. Vielleicht war ich hier ein bisschen zu streng. Aber wenn's ums Geld geht, war ich immer penibel, so wurde ich erzogen. Er gibt mir mit zitternden Händen das Geld und fragt, ob ich wirklich 18 bin. Mein Herz rast. *Er hat es rausbekommen, meine verdeckte Identität ist aufgeflogen.* Ich will ihm die Wahrheit sagen, dass ich eigentlich schon 26 bin und er Teil meiner Story wird. Stattdessen beruhige ich mich und ermahne ihn, dass es unhöflich ist, eine Frau nach ihrem Alter zu fragen. Er läuft rot an, entschuldigt sich und will sich verabschieden. Ich weiß jetzt nicht, wie ich mich verabschieden soll. Tschüss? Bis bald? Das klingt komisch, und ich entscheide mich für eine andere Variante: »Es war ein Vergnügen, Geschäfte mit dir zu machen, und ich hoffe, dir gefallen meine Socken.«

Was war das für eine Verabschiedung? Es klang wie eine schlechte Verkaufsmasche. Ich wäre am liebsten im Boden versunken. Doch er lächelt mich an und verschwindet mit meinen kaum getragenen Socken in der Menschenmasse. Ich glaube nicht, dass ich ihn jemals wiedersehen werde.

Tag 14

FEUCHTE HÖSCHEN, SÜSSE SÖCKCHEN, LEERE TASCHEN

Viktor:

Ich sitze mit meiner Mitbewohnerin Gerlinde im Kaffeehaus und sinniere über die vergangenen zwei Wochen. Mit Sorgenfalten. Viele Aufträge gibt es nicht und der Stapel an Rechnungen wird nicht kleiner. Gerlinde hingegen, eine Frohnatur wie immer, erzählt von ihren neuesten Männerbekanntschaften und ihrer aktuellen Lieblingsserie. *Als gäbe es keine Sorgen und Ängste in der Welt. Einmal noch 18 sein. Unbeschwert die Schule schwänzen und das Leben wirklich leben.* Ich blicke auf meinen Notizblock und sehe die harte Realität der 30-Jährigen. Zahlen bestimmen nun deine Welt.

Auf der Habenseite:

- ein Paar verkaufte Socken und zwei Höschen im Wert von insgesamt 200 Euro

Auf der Sollseite:

- unzählbare Stunden des E-Mail-Verkehrs mit Perversen
- neun geplatzte Sessions, weil der Kunde nicht auftauchte – sehr frustrierend!
- jede Menge Stress wegen ständiger Terminänderungen
- UND – kaum Infos über die Käufer – zu wenig Material, das wir journalistisch nutzen können

Erbärmlich! Das ergibt einen Stundenlohn von 3,33 Euro pro Nase – weit unter jedem Mindestlohn! Knastbrüder verdienen mehr! Keiner will 100 Euro für ein Höschen von Tina bezahlen! Die Leute, die sich bei uns melden, feilschen ewig lange um den Preis, haben tausend Sonderwünsche, wollen im Vorhinein Dutzende Fotos von Tinas Unterhöschen oder ihrem Gesicht. Ein No-Go! Oder das Schlimmste von allem: Sie tauchen zu vereinbarten »Dates« einfach nicht auf. Frust pur! Irgendetwas machen wir falsch.

Als ich Gerlinde darauf anspreche, kann sie unsere Probleme nicht im Geringsten nachvollziehen.

Bei ihr läuft alles immer glatt. Ihre Typen kamen immer, bezahlten, unterhielten sich nett mit ihr bei Kaffee und Zigarette und gingen wieder ohne Faxen. *Komisch.* Ich will unbedingt wissen, wie sie mit ihren Kunden schreibt. Welche Worte verwendet sie? Wie verhandelt sie? Welchen Tonfall hat sie dabei? Bei all diesen Detailfragen hält sie sich immer sehr vage und will mich partout keine Nachrichten von ihr lesen lassen. *Da ist doch was faul.* Entweder sie belügt mich oder sie macht weit mehr mit den Kunden als eine bloße Höschenübergabe. Ich verlasse das Kaffeehaus und drücke die Schnellspeichertaste.

Hey Caroline! Wir sollten etwas Neues probieren.

Yep. Wir brauchen mehr Jobs!

Tag 18

HÖSCHEN FOR SALE

Caroline:

Einkaufszentrum/Toilette

Die Tür geht zu und ich schließe sie ab. Ich fühle mich wie in dem Moment, wenn ich mich in eine Achterbahn setze und der hydraulische Bügel zuschnappt. Ich rüttle daran. Nichts bewegt sich. Gefangen. Ein Signal ertönt. Das ist der Moment, in dem ich weiß: Ok, jetzt ist es zu spät, ich kann nicht mehr zurück. Obwohl ich Achterbahnen hasse, stelle ich mich selbst immer wieder dieser Herausforderung. Ein Spiel mit der Angst. Warum mache ich das? Keine Ahnung. Vielleicht, um mir selbst zu beweisen, dass ich es kann, und für den Kick ... Man fühlt sich irgendwie lebendig.

Nun geht es mir ähnlich. Ich stehe hier. Eingesperrt in einer Behindertentoilette mit einem wildfremden Mann, der nur einen halben Meter vor mir steht und mich mit gierig lüsternem Blick anstarrt. Mein Puls ist über 200. *Genauso beginnen Horrorfilme mit meist ungutem Ende für die junge Protagonistin. Also mich.*

Zwei Tage zuvor hatten Viktor und ich diesen Ort begutachtet. »Es wird schon alles glatt laufen«, wollte er mich beruhigen. »Erstens sind wir hier in einer Behindertentoilette – sauber und nicht so eng wie eine normale Toilette und keine störenden Toilettengeher. Zweitens sind wir in einem riesigen Einkaufszentrum mit Tausenden Menschen um uns herum. Drittens werde ich vor dem Eingang warten und genau zuhören, was in dem Raum vorgeht. Und viertens sind überall Kameras. Der Typ würde bei einem sexuellen Übergriff alles verlieren. Seinen Job, Karriere, Familie, Status – also sein ganzes Leben.«

Die Tatsache, dass Viktor vor der Tür aufpasst und dass es vor der Toilette Überwachungskameras gibt, beruhigt mich. Der Grund dieses »romantischen Rendezvous«: ein Austausch. 120 Euro gegen meine getragene Unterwäsche mit frischem Duft von Tinas »Muschisaft«. Aber mit einem kleinen Unterschied zu bisherigen Übergaben. Diesmal soll ich mein Höschen VOR dem Kunden ausziehen. Das war der sexuelle Extrakick für ihn und nur so war er bereit, 100 Euro und mehr zu bezahlen. Ich war sehr am Zweifeln. Wollte ich das wirklich tun?

Für Viktor war das alles kein Problem. Er würde am liebsten mit mir tauschen. »Die sexuellen Wünsche und Begierden von Frauen erfüllen und dafür noch Geld bekommen. Geil! Das wär was für mich«, sagte er immer. Aber leider gibt es dafür keinen Markt. Also muss ich ran.

Ich greife unter meinen Rock und streife mein Höschen herunter. Nun halte ich es in meiner Hand. Ein schwarzer Stringtanga, wie gewünscht. Meine Hände zittern. Ich versuche das zu verbergen. Er greift nach dem Höschen. »Mmmhhh, so schön feucht.« Sein gierig geiler Blick ist mir unangenehm. Ich merke, wie sehr er erregt ist. »Komm! Zeig mir auch deine geile Muschi!« Was will er? Das war nicht ausgemacht! »Bitte – nur ganz kurz«, bettelt er mich an. Es ist mir total unangenehm, aber ich will nicht, dass er noch länger mit mir diskutiert. Scheiß drauf! Was soll's. Ich seh dich sowieso nie wieder. Ich hebe meinen Rock und zeige ihm für eine Sekunde mein »Allerheiligstes«. »Mmmhhh, die sieht ja köstlich aus!«

Wenn er sich mir jetzt nur einen Zentimeter nähert, dann schreie ich mir die Seele aus dem Leib!

Aber nichts geschieht. Er bleibt einfach stehen, bestaunt mich und bedauert, dass er nicht noch mehr sehen darf. Dann nimmt er einen kräftigen Zug an meinem Höschen, überreicht mir das Geld und verschwindet.

Tag 23

TEDDY MAG FÜSSE

Viktor:

Teddy5 ist von Beruf Winzer und überflutet mich seit Tagen mit E-Mails und SMS. Er will alles über Tinas Füße wissen. Wie oft trägst du Ballerinas? Welche Farbe haben die Socken, die du gerade anhast? Wie lange trägst du sie schon? Was sind deine Lieblingsschuhe? Eine endlos lange Liste an Schuh-, Fuß- und Sockenfragen. Ich hätte nie gedacht, dass man zu diesem Thema so viele Fragen stellen kann. Er will auch Fotos sehen. Also veranstalte ich mit Caroline ein Fuß- und Schuhfotoshooting – ohne Gesicht natürlich. Ich bin leidenschaftlicher Fotograf und Carolines Füße und Zehen sexy zu inszenieren, ist mal was ganz anderes als langweilige Landschaftsaufnahmen. Das macht richtig Spaß! Bereits zehn Minuten nachdem ich ihm die »heißen« Aufnahmen schicke, meldet er sich. *Er ist wirklich daueronline.* Er ist begeistert von Tinas Füßen und will sich unbedingt treffen. Für eine Fußlecksession! *Interessant!*

Er möchte Tinas Füße lecken. Für 30 Minuten würde er 130 Euro bezahlen. Nach einer langen, stressigen Saison hat er nun endlich Zeit für seine größte Leidenschaft. Tina soll beim Treffen unbedingt Ballerinas tragen. Mit weißen Söckchen. Am besten soll sie die Söckchen tagelang vorher tragen und viel Sport damit machen.

»Für die Duftaufnahme«, wie er mir schreibt. Und – er betont das immer und immer wieder – es müssen weiße Socken sein. Damit man auch optisch sehen kann, wie schmutzig sie sind. Ich sage zu. Das klingt zu verführerisch. Ich muss zwar erst mit Caroline darüber sprechen, aber absagen kann ich ja immer noch. Wenn auch ungern.

Teddy5 ist anders als die anderen. Diese Obsession für Füße ist faszinierend. Und in diesem Moment wird es mir bewusst. Das ist keine Vorliebe, kein Herumprobieren mit Sexualität. Nein! Das ist ein echter Fetischist. Und wir haben die Chance ihn kennenzulernen. 30 Minuten lang.

Tag 24

PLANÄNDERUNG

Caroline:

Parkbank

Da sitzt er und grinst mich schelmisch an. Ich wusste es. Von Anfang an wusste ich es. Das alles würde nicht so einfach werden. Für Viktor war immer alles easy. Nichts stellt ein Problem dar. Natürlich. Er muss ja nicht an die Front und sich mit unangenehmen Situationen auseinandersetzen. Nein. Er sitzt in seinem Kämmerchen, schreibt ein paar E-Mails mit viel zu vielen Smileys und schlürft dabei gemütlich seinen Kaffee. Das war's. Der letzte Einsatz auf der Toilette war ja schon gruselig genug und jetzt soll ich eine halbe Stunde lang meine Füße ablecken lassen?!

Viktor:

Ich dachte mir schon, dass sie nicht besonders begeistert sein wird. Teddy5 scheint aber ein wirklich netter Kerl zu sein. So wirkt er zumindest auf mich. Wir könnten das alles in unser Buch mit aufnehmen. Ja, ein Buch über Fetisch ist doch viel spannender als nur Höschen. Du kannst in eine Welt eintauchen und diese Menschen kennenlernen auf einer ganz intimen Ebene. Und er leckt ja nur ihre Füße. Ist doch wirklich harmlos, oder?

Caroline:

Ja, es stimmt. Es wäre schon spannend, einen richtigen Fetischisten kennenzulernen. Und 130 Euro gäb's obendrauf. Das reizt mich. Die letzte Klosession war aus journalistischer Sicht vergeudete Zeit und der Typ war mir unheimlich. Aber mit Teddy5 hatte Viktor einen längeren E-Mail-Verkehr, ich hatte einige Nachrichten gelesen und er schien ganz normal zu sein. Er mag eben Füße. Meine Füße. 30 Minuten lang. Bei so einer Session kann ich mich so richtig in die Rolle einer Undercoverreporterin hineinversetzen. So wie Günter Wallraff. Der investigative Journalist, der z. B. als Bild-Zeitungsredakteur gearbeitet hatte, um aufzuzeigen, wie das mächtigste Blatt Deutschlands wirklich funktioniert, oder der sich als türkischer Gastarbeiter ausgegeben hatte, um die Missstände in der Arbeitswelt aufzuzeigen. Diese Philosophie gefiel mir. Das war ein Abenteuer. Eine Reise ins Ungewisse. Aufzuzeigen, wie es wirklich in dieser Szene abläuft.

Tag 25

DAS EXPERIMENT

1. Du sollst klare Grenzen setzen – kein Sex, kein Körperkontakt.
2. Du sollst einen Kunden nur dann treffen, wenn du das wirklich willst.
3. Du sollst aus dem Projekt aussteigen, bevor du physisch oder psychisch deine Grenzen überschreitest.
4. Du sollst immer für Sicherheit sorgen.
5. Du sollst anonym bleiben.
6. Du sollst keine Vorurteile gegenüber deinen Kunden haben.
7. Du sollst respektvoll und wertschätzend gegenüber deinen Kunden sein.

8. Du sollst das Experiment deinem Partner und deiner geregelten Arbeit immer unterordnen.
9. Du sollst das Experiment geheim halten. Du sollst nicht über das Experiment sprechen.
10. Du sollst das Experiment nicht länger als sechs Monate durchführen.

Viktor:

Das war es. Unser aufgesetztes Manifest. Die einzigen zehn Gebote, die im Laufe der nächsten Monate wichtig für uns waren. Wir beschlossen, das Experiment zu wagen. Uns einzulassen auf die verrückte Welt der Fetische. Keine anderen Nebenjobs mehr, kein Zaudern. In den letzten Wochen hatten wir so viele ungewöhnliche Anfragen bekommen, die nichts mit Höschen zu tun hatten, aber machbar waren. Aber nur unter gewissen Bedingungen. Deshalb die zehn Gebote, wobei die Sicherheit von Caroline besonders wichtig war.

Mit dieser Erweiterung konnten wir mehr Jobs annehmen und viel mehr über Fetischmenschen herausfinden. Wichtig ist es, eine Vertrauensbasis zu schaffen. Diese Menschen persönlich besser kennenzulernen. Nur so können wir ganz tief eintauchen in diese Welt. Gleichzeitig wollten wir eine gewisse Distanz bewahren. Uns nicht vereinnahmen lassen von dem, was folgen könnte.

Wir sprachen von Kunden, Klienten, Jobs. Ein Business eben. Meine Aufgaben waren: Anzeigen im Internet zu schalten, Tinas Profil auszubauen und zu verwalten, Kontakt und E-Mail-Verkehr mit den Kunden, Organisation der Termine, Vorbereitung der Jobs und Überwachung der Abläufe, für Schutz und Sicherheit für Caroline sorgen.

Caroline:

Im Internet und in diversen Buchläden suchten wir Bücher zum Thema. Nicht, um uns zu informieren, sondern um zu sehen, ob es so ein Buch, das uns vorschwebte, schon gab. Doch wir fanden nichts. Nicht einmal ansatzweise. »Sadomasopraktiken«, »Ein Zuhälter packt aus« oder Romane wie »50 Shades of Grey«. Nein, keiner dieser Autoren hatte sich dem Thema Fetisch mit unserem Ansatz gewidmet.

Das motivierte mich noch mehr. Es hat mich immer gereizt, Neues zu tun. Insbesondere Sachen, die sonst keiner macht. Ich ahnte nicht, dass ich in den kommenden Monaten so gut wie jedes Gebot brechen würde. Das ganze Experiment musste absolut anonym bleiben. Keiner durfte davon etwas wissen. Nicht die Familie, nicht die Freunde und schon gar nicht mein Freund. Außerdem war es mir wichtig, meinen Halbtagsjob in der Anwaltskanzlei zu behalten. Für meinen Lebenslauf. Es macht sich nicht gut, eine 6-monatige Lücke zu haben. Dadurch hatte ich weniger Zeit und Viktor musste sich um alles kümmern. Wir einigten uns, alle Einnahmen 50/50 zu teilen. Er hatte mehr Aufwand, ich dafür die Sessions. So war es fair und wir waren gleichberechtigte Partner. Ein Team. Wie schon einmal früher. Meine Aufgaben waren: die Kunden treffen, die angebotene Ware »veredeln«, möglichst viel über die Fetischisten herausfinden, Abläufe dokumentieren.

Tag 29

DIE ERSTE SESSION

Viktor:

10:00 Uhr Vormittag/Viktors Wohnung

In wenigen Stunden ist es also so weit. Um 16:00 hat Caroline ihr Rendezvous mit Teddy5. Ich habe also genug Zeit, alles vorzubereiten. Der Plan sieht wie folgt aus: Caroline trifft sich mit ihm beim nahe gelegenen Bahnhof. Dann sollen die beiden in meine Wohnung kommen. Gerlinde hat heute einen Schulausflug und so können wir ihr Zimmer als »Lustraum« nutzen. Ich muss natürlich alle Fotos und Hinweise von meiner Mitbewohnerin verstecken. Unser erster Klient soll schließlich nicht erfahren, in welcher Wohnung er sich befindet und dass ich im Nebenraum Wache schiebe.

Caroline:

14:00 Uhr/Carolines Wohnung

Ich versuche die Situation analytisch zu betrachten. Ein Typ will meine Füße lecken. Ok! Was könnte mich daran stören? Ein Fuß ist für mich kein sexuelles Organ. Füße haben für mich überhaupt nichts mit Sexualität zu tun und somit wäre das erste Gebot unseres Kodex nicht gebrochen, auch wenn ein Körperkontakt besteht. Es hat für mich nichts Intimes. Er nimmt ja nur meine Füße in den Mund, es wäre etwas anderes, wenn er meine Füße mit seinem Penis berührt. Aber so ist es wie bei einer harmlosen Fußmassage – nur eben mit dem Mund. Ich erinnere mich an meinen Hund, den ich als Kind hatte. Er liebte es, meine Füße abzuschlecken, und ich fand das eigentlich immer ganz lustig. Hat zwar etwas gekitzelt, aber fühlte sich sehr angenehm an.

Ich denke an meinen Freund. Wenn er meine Füße lecken wollte, könnte ich ihn nachher nicht mehr küssen, das fände ich ekelhaft. Wegen der 30 Minuten, so lange soll die Session dauern, mache ich mir weniger Gedanken. Ich muss ja aktiv nichts machen. Ich schließe einfach die Augen, denke an meinen Hund und gehe nach einer halben Stunde mit 130 Euro in der Tasche nach Hause. Also packe ich meine Sachen und mache mich auf den Weg zu Viktors Wohnung.

Viktor:

15:00 Uhr/Viktors Wohnung/vor dem Computer

»Ohh du göttliche Lindsay ...« – Ein Mann liegt auf dem Boden und spricht mit seiner Freundin. Sie antwortet nicht, sondern schreitet weiter über seinen Körper mit ihren schwarzen Lederstiefeln, die einen zehn Zentimeter hohen Absatz haben. Er stöhnt auf ...

»I wish I had such a girl« lautet der Name des Videos auf YouTube mit über 270 000 Views! Caroline und ich sehen uns den Clip mit voller Konzentration an und achten auf jedes Detail. Den Link hat uns Teddy5 kurz vor dem Treffen geschickt und Tina gebeten, die Fußlecksession etwas zu erweitern – mit einer Tramplingsession. Was zum Teufel?!

Caroline:

15:15 Uhr

Viktor fängt an, Gerlindes Zimmer zu anonymisieren, und freut sich über die unerwartete Planänderung. »Ein tolles Thema für das Buch«, scherzt er. Ich hingegen mache mir gedankliche Notizen, wie ich die bevorstehende Tramplingsession performen werde. In 45 Minuten geht es los und ich hatte sowas noch nie gemacht. Um ehrlich zu sein, zwei Minuten zuvor hatte ich auch noch keine Ahnung, was »Trampling« eigentlich ist. Ich hatte mich innerlich auf eine Fußlecksession vorbereitet. Ich sitze, er leckt meine Füße. That's it. Wird zwar seltsam werden, aber super simpel. Nun musste aber ich aktiv sein. Das war eine ganz andere Nummer.

Im Prinzip sagt der Name schon alles. Es geht darum, auf jemandem wortwörtlich zu trampeln. Angefangen von seinem Schritt, über die Brust bis zum Gesicht. Dabei wird das ganze Körpergewicht eingesetzt. Man muss nur aufpassen, ihm dabei die Nase nicht zu brechen – das sei ihm nämlich schon passiert –, aber ansonsten sei es das pure Hochgefühl. Ich stelle mir nur vor, wie schwierig es sein muss, die Balance zu halten, noch dazu auf seinem Gesicht! Na ja, ein bisschen Zeit habe ich noch, um mich darauf vorzubereiten …

16:00 Uhr/Bahnhof

Die kurzfristige Planänderung von Teddy5 hat mich komplett aus dem Konzept gebracht und ich hätte fast vergessen, seine geliebten weißen Socken mit den Ballerinas anzuziehen. Ich hatte aber keine Lust gehabt, meine Socken drei Tage lang zu tragen, also mache ich sie schnell mit etwas Erde schmutzig. Merkt er ja doch nicht. … Meine Gedanken werden unterbrochen, als er meinen Namen ruft. Tatsächlich! Ich reagiere sofort auf meinen Fakenamen. So weit ist es schon gekommen. Ich identifiziere mich bereits mit Tina. Finde ich das gut?

Er hat nicht gelogen, als er sich selbst als gut gebauten Mann mit freundlichem Gesicht beschrieben hat. Da steht er nun mit einem breiten Grinsen. Tatsächlich ein sympathisches Lächeln, das sanftmütig erscheint. Er sieht aus wie ein zwei Meter großer Teddybär. Passender Username! Am Weg zu Viktors Wohnung sprechen wir ein wenig, doch ich habe Probleme, seinen starken Dialekt zu verstehen. Ich halte mich wortkarg und nicke nur ab und zu. Alles, was ich verstehe, ist, dass er von außerhalb der Stadt kommt und einen 300 Kilometer langen Anfahrtsweg hatte. Unglaublich, dass jemand so weit fährt, nur damit ein Mädchen über seinen Körper steigt. Vorsichtshalber weise ich ihn darauf hin, dass Sex oder jegliche anders geartete Körperberührung nicht stattfinden darf. »Kein Problem – da musst du dir keine Sorgen machen, ich habe eine Freundin, die ich liebe, nur teilt sie meinen Fetisch nicht mit mir, und deshalb suche ich ab und zu nach solchen Treffen im Internet.«

Wir gehen schnell. Zu schnell für mich, da ich mich geistig noch etwas auf die nächsten 30 Minuten vorbereiten will. Ich versuche, mich an sein Video zu erinnern und an alle Abläufe, die darin vorkamen.

Folgendes will ich tun:

1. Über seinen Körper gehen und dabei versuchen, nicht herunterzufallen.
2. Ihm befehlen, meine Schuhe auszuziehen, und ihn an meinen schmutzigen Socken riechen zu lassen.
3. Mit meinem Schuh ihm ins Gesicht schlagen.
4. Mich mit beiden Füßen auf sein Gesicht stellen. Auch hier: Hoffentlich falle ich nicht herunter.
5. Heruntersteigen und ihm meine dreckigen Socken ins Gesicht drücken.
6. Ihm meine Schuhe ins Gesicht drücken und ihn zwingen, daran zu riechen.
7. *Ich habe keine Ahnung …*

16:10 Uhr/Gerlindes Zimmer

Ich steige über seinen Bauch, Brust, Hals bis ins Gesicht, dann abwärts bis zum seinem Penis (er ist dabei natürlich voll bekleidet, wie vorher abgemacht) und wieder zurück zu seinem Gesicht (sein Lieblingspunkt). Es scheint ihm sehr zu gefallen. Nun kommt das Meisterstück. Ich versuche mit beiden Füßen auf seinem Gesicht zu stehen. Doch ständig rutsche ich ab. Ich brauche eine Art Stütze und so beschließe ich, zwei Stühle links und rechts von ihm zu platzieren, damit ich mich festhalten kann. So kann ich mich mit meinem ganzen Gewicht auf ihn stellen. Er gibt mir sogar Tipps, wie ich am besten Balance halte. Zuerst soll ich mich mit einem Fuß auf seine Brust und mit dem zweiten auf seinen Mund stellen. Es dauert ein bisschen und alles wackelt, doch nun klappt es. Ein Fuß steht auf seiner Stirn, der zweite auf seinem Mund. Und so verharre ich und kann seine Zähne durch die stark zusammengepressten Lippen fühlen. Zirkusreif, dieser Balanceakt. Ich dachte, ich hätte nicht genug Erfahrung, um 30 Minuten lang akrobatische Trampling-Performances zu meistern. Aber die Zeit vergeht wie im Flug und er ist sichtlich glücklich über mein Fußentertainment.

»Wäre es möglich, dass du dich mit deiner Muschi auf mein Gesicht setzt? So als ob du mich ersticken wolltest?« Ich bin mehr als skeptisch. Doch sein teddybärmäßiges Erscheinen und seine nette Art lassen mich zustimmen – unter der Bedingung, dass ich meine Jeans anlasse. »Natürlich«, erwidert er mit freundlichem Lächeln. Ich setze mich auf ihn. Meine Knie umschlingen seinen Kopf. Er hat die Augen geschlossen und ist ganz ruhig. Während der ganzen Session hat er keine Erektion.

Und auch jetzt wirkt es so, als ob er seinen Fetisch nicht mit sexueller Befriedigung verbindet.

Es macht viel mehr den Eindruck, als würde er meditieren. Er ist einfach total entspannt und selbstzufrieden. Am Ende gesteht er mir, dass ihm das unglaublich gut gefallen hat. Nur meine Socken könnten ruhig etwas mehr riechen, beim nächsten Mal. Ich könne sie eine ganze Woche lang tragen und es wäre noch immer nicht genug Geruch für ihn.

Tag 30

EIN MONAT SÜNDE

Viktor:

Nach jedem Job stürmte ich sofort zu Caroline. Ich interviewte sie und wir zeichneten das Gespräch auf. Sie musste mir alles erzählen, worüber sie gesprochen haben, wie er wirkte, woher er kam, was er beruflich machte, wie sich Caroline dabei fühlte. Wichtige Informationen für das Buch.

UND was sie miteinander anstellten. Einfach alles. *Jedes schmutzige Detail.*

Während des E-Mail-Verkehrs hatte ich mir ein gewisses Bild von den Kunden gemacht, und ich wollte wissen, ob es sich mit der Realität deckte. So war es auch bei Teddy5 und der Tramplingsession einen Tag zuvor. Caroline hatte die Situation mit Bravour gemeistert. Wir freuten uns beide, dass es so gut geklappt hatte.

Aber ich war etwas verwirrt. Hörte ich richtig, als sie mir erzählte, dass sie sich mit ihrer Muschi auf sein Gesicht gesetzt hatte? Warum? Nur weil er sie nett gefragt hatte? Ich verstand das nicht. Das war schon sehr intim und war vorab nicht besprochen worden. Wozu hatten wir die Regeln aufgestellt? Nun gut, das war ihre Entscheidung. Komisch war es trotzdem. Aber ich muss zugeben, es hat mich sehr erregt, als sie mir davon erzählte. Dass sie das gemacht hat. Einfach so. Mit irgendeinem fremden Typen. Nicht die Aktion an sich, sondern eher dieses Unmoralische. Ich kenne Caroline wirklich gut, doch manchmal ist sie extrem unberechenbar. Das hatte schon immer einen gewissen Reiz.

Caroline:

Er hat mich nett gefragt und war überaus höflich. Er brauchte das Gefühl, keine Luft zu bekommen, erstickt zu werden. Nur so kann er sich komplett fallen lassen. Ein vollkommenes Loslassen – ausgeliefert sein. Ich setzte mich auf ihn drauf. Komplett angezogen. Das kann man nicht mit Oralsex vergleichen. Es gab nicht wirklich eine Berührung. Es gab eine Barriere, da war meine Jeans und meine Unterhose. Und ich habe in dem Moment gar nichts gefühlt. Es war nichts Sexuelles. Weder für ihn noch für mich. Für Viktor scheinbar schon.

Tag 35

TEENIEBOY KEHRT ZURÜCK

Viktor:

Ich sitze auf einer Parkbank, Zeitung vorm Gesicht und checke die Lage. Caroline sitzt hundert Meter entfernt auf einer anderen Parkbank, wir beide warten auf Teenieboy. So nennen wir Markus, den 16-jährigen Fußliebhaber, der sie heute zum zweiten Mal treffen will. Kurz nach dem ersten Treffen hatte er mir geschrieben, wie begeistert er von Tinas Fußduft war und wie sehr er sich den gekauften Socken hingegeben hatte. Nun will er mehr. Ich war begeistert von diesen News. Zufriedene Kunden bedeuten mehr Aufträge. Mehr Einblicke in die Welt der Fetischmenschen. Doch bis jetzt keine Spur von ihm. Ich schreibe eine Nachricht an Caroline ...

Glaubst du, dass er kommt?

Caroline:

... mein Handy vibriert, meine Gedanken werden unterbrochen und ich komme zurück zur Realität. Ich habe einen Job zu erledigen, und heute wird es nicht so einfach sein wie vor einem Monat, als ich Markus nur meine Socken verkauft habe. Und schon gar nicht hier im belebtesten Park der Stadt. Es wimmelt vor Menschen.

Nein, glaube ich nicht.

Markus ist noch nicht aufgetaucht und ich warte schon mehr als eine Viertelstunde. Ich will Viktor schreiben, dass ich recht hatte und er sich nur lustig über mich macht, sich aber eigentlich nicht mit mir treffen will. Doch dann ... Ich sehe ihn, er geht auf mich zu. Es ist sehr warm, trotzdem trägt er seine schwarze Lederjacke. Ich habe ihn fast nicht erkannt, er sieht irgendwie anders aus, selbstbewusster und größer. Er wird gleich vor mir stehen, ich muss mich jetzt zusammenreißen. Er schaut mich durch seine italienische Sonnenbrille an, in deren Gläsern ich mein Spiegelbild sehen kann, und lächelt mich an. Ich lächle zurück. Ich beuge mich nach vorne und küsse ihn links und rechts auf die Wange. Ich spüre seine Aufregung, aber er gibt sich Mühe cool zu wirken. Wir schlendern an einem Teich entlang und sprechen über meine kommende Matura, auf die ich mich fleißig vorbereite.

»Am meisten hasse ich Mathematik und Englisch«, erzähle ich ihm im netten Plauderton. Doch in Wahrheit ist genau das Gegenteil der Fall. Diese Fächer sind eigentlich meine Stärke, aber jetzt bin ich Tina und sie mag keine Mathematik. Tina mag verrückte Sachen, schwänzt die Schule und hat Probleme mit ihren Eltern. Das ist die Geschichte unserer Kunstfigur und deshalb ist Tina hier und trifft sich mit einem Burschen, um ihm einen Liebesdienst zu erfüllen.

Während wir weiter durch den Park spazieren, versuchen wir einen geeigneten Ort zu finden, an dem wir ungestört sind. Geistig halte ich eine Notiz fest. Ein Park ist definitiv kein geeigneter Ort, an dem ein Bursche seine Nase unbemerkt zwischen die Zehen eines Mädchens stecken kann. Ich frage mich, wo Viktor steckt, er sollte immer in der Nähe bleiben. Ich habe ihn schon lange nicht gesehen. *Ein Teenie will meine Füße lecken und er ist nicht da – toll!*

Doch genug mit dem Gejammer, ich muss mich auf Markus konzentrieren und bald eine Entscheidung treffen, wo wir loslegen können. Er ist zu aufgeregt. Ich muss die Führung übernehmen. Wir drehen noch eine Runde um den Teich und endlich entdecke ich ein Gebüsch, das vielversprechend aussieht. Dort werden wir hoffentlich etwas Privatsphäre haben. Zwar kann man uns sehr wohl durch die Büsche sehen, aber das muss genügen. Ich will es endlich hinter mich bringen.

Wir setzen uns aufs Gras. Jetzt ist es so weit. Ich bin mindestens genauso nervös wie er. Ich ziehe meine Sportschuhe aus, streife meine Socken herunter und lege meine Füße auf seine Oberschenkel. Wir kichern wie ein frisch verliebtes Teenagerpärchen. Mit zitternden Händen nimmt er meinen rechten Fuß in die Hand und einen tiefen Zug mit seiner Nase. Wie bei einer Weinverkostung. Er atmet langsam tief durch und ich spüre, wie seine Nervosität komplett verschwindet. Er konzentriert sich voll und ganz auf den Geruch meiner Füße. Ich schlage ihm vor, seine Sonnenbrille abzusetzen, doch er verneint. Die Brille scheint ihm mehr Privatsphäre zu geben. Eine zusätzliche Barriere gegen mögliche Beobachter.

Er steckt meine Zehen in seinen Mund und lutscht genussvoll an ihnen. Es kitzelt. In meinen Gedanken finde ich es irgendwie ekelhaft, aber mein Körper sagt mir, dass es sich gut anfühlt. Zärtlich nimmt er meinen Fuß, während er langsam und bedächtig jede einzelne Zehe mit seinem Mund verwöhnt. Seine Zunge gleitet über meine Fußsohle – dazwischen immer wieder ein Schnuppern.

Ich stöhne leicht, möchte ihm zeigen, dass es mir gefällt. Er lächelt mich an und fragt mich, was ich am meisten mag. Die Massage, das Lecken oder das Lutschen. Ich antworte, dass ich die Massage kombiniert mit dem Lutschen am meisten mag. Er lässt meinen Fuß auf seinem Schoß liegen und nimmt meinen zweiten Fuß. Ich spüre, wie sein Herz rast. An dieses Gefühl kann ich mich gut erinnern. Mein Herz rast in dieser Art nur, wenn ich wirklich in jemanden verliebt bin. Kann es sein, dass er sich gerade in meine Füße verliebt? Egal. Ich spüre, wie meine Muskeln anfangen zu schmerzen. Die Position ist nicht gerade bequem. Ich habe keine Uhr und möchte auf mein Handy schauen, ob die vereinbarten 30 Minuten schon vorbei sind. Ich versuche es aus meiner Tasche zu nehmen, doch ich möchte ihn nicht stören. Ich will nicht, dass er denkt, ich zähle die Sekunden. Ich werde noch ein bisschen warten. Er sieht so glücklich aus, wie ein Kind, das ein Lutschbonbon bekommen hat. Ich will es ihm nicht wegnehmen.

Mein Handy vibriert. Das bedeutet, dass Viktor ungeduldig wird. Ist die Zeit vorüber? Wir müssen die Session beenden. Aber wie? Markus hat nun meine beiden Füße in seinem Gesicht und inhaliert mit tiefen Zügen. Ich versuche, eine passende Ausrede zu finden, um ihn zu unterbrechen. Eine Ausrede, die nett, sensibel und realistisch klingt. Ich erzähle ihm, dass ich nun los muss, da ich noch Mathenachhilfeunterricht bekomme. Es funktioniert. Er lässt meine Füße los, aber er will noch ein Foto von ihnen machen – als Erinnerung.

Er erzählt mir, dass er schon mit 13 Jahren wusste, dass Füße ihn irgendwie erregen. Immer musste er in der Schule auf die Füße der Mädchen schauen und er bot seinen Klassenkolleginnen Fußmassagen an. Die freute das und sie hatten natürlich keine Ahnung, dass er ein Fetischist ist. Und er band immer die Schuhbänder der Mädchen zusammen. Das wurde zum Ritual und alle Mädchen liebten ihn dafür. Doch bis heute hatte er noch keine richtige Freundin. Und da traf es mich wie ein Blitz. Es war gerade sein erstes Mal! Seine erste Fußlecksession. Wie auch meine. Er wird sich an meine Füße bis an sein Lebensende erinnern und sie auf Ewigkeit lieben. *Ist das nicht so mit der ersten Liebe? Egal wie gut oder schlecht es war, man vergisst sie nie.* Wir verabschieden uns. Er geht nochmals auf seine Knie und bindet meine Schnürsenkel zusammen.

Tag 39

DANKE FÜR ALLES!

Gesendet: [redacted]
Von: ichbinderSchuhfreund4<[redacted]>
An: Tina.haeschen97@gmx.at
Betreff: **Danke für Alles!**

Hey Tina ;)
Ich wollt mich bei dir nochmals für das wundervolle Erlebnis bedanken!! Es war wirklich das Geilste was ich je erlebt habe!! Ich bin echt süchtig nach deinen Füßen geworden. Ich habe wirklich noch nie schönere gesehen und kann an nichts anderes mehr denken :D
Sobald ich wieder ein bisschen Geld gespart hab, müssen wir uns unbedingt wieder treffen! Auf jeden Fall danke nochmals und viel Glück bei der Matura ;)
PS: Ich weiß, es ist schwer, aber glaubst du, du schaffst es, dass deine Füße noch verschwitzter sind als gestern? Das wäre wirklich geil!
Bussi

Viktor:
Caroline ist beruhigt, dass er sich endlich gemeldet hat. Sie machte sich in den letzten Tagen ständig Gedanken um ihn und um ihre Performance. Jeden Tag fragt sie mich, ob es ein Feedback gibt. Sie ist sich nicht sicher, ob er wirklich zufrieden war. Anscheinend ist ihr das wichtig. Ich sehe das pragmatischer. Ich kann wieder eine Rechnung begleichen und wir haben eine tolle Geschichte.

Schlussendlich war auch Teenieboy mehr als glücklich. Was mich erstaunt, ist, dass jemand mit 13 Jahren schon genau weiß, was er will. Als ich so alt war, stöberte ich in Pornomagazinen, die ich mir heimlich besorgt hatte, und wusste nicht, wie ich mit dem Ganzen umgehen soll. Ich war gerade erst dabei, meine Sexualität zu entdecken. Aber Teenieboy war wie ein alter Hase. Faszinierend.

Wissenswertes zum Thema **Fußfetisch**

Es gibt kein unglücklicheres Wesen unter der Sonne als einen Fetischisten, der sich nach einem Frauenschuh sehnt und mit einem ganzen Weib vorlieb nehmen muß.

Karl Kraus (1874–1936)
Österreichischer Schriftsteller und Satiriker

Liebe Leser! In diesem Kapitel wollen wir Ihnen das Thema Fußfetisch aus verschiedenen Perspektiven und allerlei Wissenswertes und Kurioses näherbringen. Was sagt die Kulturgeschichte, die Psychologie, die Medienwelt über Fetisch? Wissenschaftliche Studien gibt es kaum, im Internet findet man jedoch eine Menge interessanter Informationen. Folgende Recherche entstand erst nach dem Fetischexperiment, weil wir während des Experiments möglichst unbefangen und »naiv« agieren wollten. Folgende Seiten werden Sie überraschen. Wir waren es ...

Fachbegriff und Verbreitung

Der Fußfetischismus oder, wie die Fachleute sagen, Podophilie, ist der boomende Fetisch schlechthin, und das können wir durch unsere Feldforschung nur bezeugen. Der Fußfetisch umfasst dabei nicht nur den Fuß, sondern bezieht sich auch oft nur auf bestimmte Teile des Fußes wie z. B. Zehen, Sohlen oder Ferse und natürlich alles, was zum Fuß auch modisch dazugehört. Nicht nur einmal haben wir neben den angebotenen Fußlecksessions alte, ausgetragene Schuhe, gebrauchte Strümpfe und stinkige Söckchen an den Mann gebracht.

Unserer Erfahrung nach sind Fußfetischisten meist auch devot. Hier gibt es natürlich verschiedene Ausprägungen, aber das Küssen der Füße hat auch immer etwas mit Unterwürfigkeit zu tun und spielt definitiv eine Rolle beim Ausleben dieses Fetischs. Historisch betrachtet ist der sogenannte »Fußkuss« interessant. Er hatte im Mittelalter bis in die Neuzeit eine symbolisch-juristische Bedeutung. Als Akt der Unterwerfung vor dem Lehensherrn, dem Kaiser oder dem Papst.

Fußfetisch ist einer der populärsten Fetische und ist in allen Kulturen zu finden, wobei homosexuelle Männer auf Männerfüße stehen und heterosexuelle auf Frauenfüße, das beschreiben die Wissenschaftler Ogi Ogas und Sai Gaddham in ihrem Buch *A Billion Wicked Thoughts – What the World's Largest Experiment Reveals About Human Desire.*

Psychologische Perspektive

Warum haben Menschen einen Fußfetisch? Dazu gibt es mehrere Theorien. Der Neurologe Vilaynur Ramachandran beispielsweise hielt 1998 fest, dass die zuständigen Gehirnareale für Füße und Zehen sowie der Genitalien eng beieinanderliegen. So kann es leicht zu Reizüberschneidungen kommen. Er vermutet, dass diese Irritation beim Anblick von Füßen zu sexuellen Stimulationen führen könnte.

Eine weitaus ältere Theorie stammt vom Psychiater Richard Krafft-Ebing. Er meint in seinem Standardwerk »Psychopathia sexualis« (1886), dass die Entwicklung eines Fetischs in der Kindheit erfolgt. Ein zufälliges Zusammentreffen einer sexuellen Erregung mit dem Anblick von z. B. nackten Füßen könnte der Auslöser für einen Fußfetisch sein.

Warum gerade kleine Füße als schön erachtet werden

Eine Studie der beiden Forscher Jeremy Atkinson und Michelle Rowe von der State University of New York zeigt bezüglich des Zusammenhangs zwischen der Fußgröße und der Attraktivität von Studentinnen Folgendes: Frauen mit zierlichen Füßen werden von Männern dreieinhalbmal häufiger als attraktiv und zehnmal häufiger als weiblicher bewertet als Frauen mit besonders großen Füßen.

Die Attraktivität des Gesichts scheint mit der Größe bestimmter Körperteile zusammenzuhängen. So könnten laut Biologen falsche Ernährung und Stress eine verfrühte Pubertät auslösen, die in einem kräftigeren Körperbau resultiert. Frauen hingegen, die eine gesunde Kindheit genossen, würden eher eine feingliedrigere, femininere Figur und ein weiblicheres Gesicht entwickeln. Männer verbinden daher unbewusst kleinere Füße mit einem gesunden Frauenkörper.

Historische Perspektive

Bereits im alten China wurden kleine Frauenfüße zum Schönheitsideal erkoren. Der sogenannte Lotusfuß war gesellschaftlich angesehen und begehrt. Je kleiner die Füßchen der Frau, desto begehrenswerter war sie. Im Bayern 2 Podcastbeitrag *Goldener Lotus: Die gebunden Füße der Frauen in China* erfährt man, dass die Wertschätzung der Füße sogar so weit ging, dass der Bräutigam bei einer Hochzeit nicht einmal auf das Gesicht seiner Gemahlin achtete, wenn nur die Füße klein waren. In ihrem Artikel *Perverses Schönheitsideal* im Magazin »Ärzte Woche«, (Ausgabe 9/2008) beschreiben Wolfgang Regal und Michael Nanut das als ideale Fußlänge zehn Zentimeter galten. Das entspricht einer Schuhgröße von 17. Um den Wuchs zu unterbinden, wurden in einer schmerzhaften Prozedur die Füße von jungen Mädchen gebrochen und bandagiert.

Mediale Perspektive

Vielleicht sind Ihnen folgende Dialogpassagen aus einem mehrfach preisgekrönten Film in Erinnerung: Zwei Auftragskiller, Jules und Vincent, unterhalten sich über ihren Boss, der einen Typen ziemlich übel zugerichtet hat, weil der seiner Frau eine Fußmassage gegeben hat.

> **Jules:** Na ja Marsellus hat ihn ziemlich durch die Mangel gedreht. Nach dem, was ich gehört hab, ging es um Marsellus Wallace neue Frau.
> **Vincent:** Na schön. Hat er sie gefickt?
> **Jules:** Nein, nein, nein, nein, nein – so schlimm nicht.
> **Vincent:** Na gut – was dann?
> **Jules:** Er hat ihr die Füße massiert.
> **Vincent:** Eine Fußmassage? Das ist alles?
> **Jules:** Mhhm.
> (…)
> **Vincent:** Hast du mal 'ne Fußmassage gemacht?
> **Jules:** Mh! Erzähl mir nichts von Fußmassagen! Ich bin der Oberfußmeister!

Vincent: Hast du schon viele gemacht?
Jules: Scheiße, ja! Ich hab meine Technik drauf, Mann! Bei mir kitzelt es nicht.
Vincent: Massierst du auch 'nem Mann die Füße?
Jules: Leck mich!
(...)
Vincent: Es ist nicht so schlimm, wie 'ne Muschi auszuschlecken, aber es ist fast dieselbe Liga. Ich hab einer Million Ladies eine Million Fußmassagen verpasst und die haben alle was bedeutet.

Der Film heißt *Pulp Fiction* und dessen Kultregisseur Quentin Tarantino ist wohl der prominenteste bekennende Fußfetischist. In fast all seinen Filmen gibt es fußrelevante Szenen zu bewundern. Auf YouTube finden Sie unter *Quentin Tarantino's Foot Fetish* einen Zusammenschnitt aller Fußszenen seiner Filme. Ein Gaumenschmaus für alle cinephilen Fußfetischisten.

Prominente Fußliebhaber (oder jene, denen es auf Google nachgesagt wird)

Alfred Hitchcock
Der weltberühmte britische Regisseur und Meister der Spannung bekannte sich zu seiner Vorliebe für Frauenfüße.

Andy Warhol
Der Pop-Art-Künstler und Fußfetischist hat seine Fuß- und Schuhleidenschaft in vielen seiner Werke verewigt. Außerdem bewahrte er einen ägyptischen mumifizierten Fuß unter seinem Bett auf.

Elvis Presley
Der King of Rock 'n' Roll hatte einen sehr gut dokumentierten Fußfetisch. Er liebte es als Kind, die Füße seiner Mutter zu massieren. Seine Betreuer wussten ebenso von seinen außergewöhnlichen Wünschen. So wurden Damen für mögliche Liebschaften mit der Rockikone erst vorgelassen, nachdem ihre Füße begutachtet worden waren.

Fjodor Dostojewski
Dostojewskis Geliebte, Polina Suslova, erzählt in ihren Erinnerungen vom berühmten russischen Schriftsteller, wie er ihre Füßchen verehrte. Außerdem enthalten seine Werke »Schuld und Sühne« oder auch »Die Brüder Karamasow« zahlreiche Anspielungen von Männern, die sich buchstäblich küssend auf Frauenfüße warfen.

Giacomo Casanova
Der venezianische Schriftsteller und Abenteurer ist weltbekannt für seine zahlreichen Liebschaften mit Frauen. Dabei kümmerte er sich auch leidenschaftlich um ihre Füße.

Johann Wolfgang von Goethe
Auch um Goethe gibt es zahlreiche Gerüchte über seine Fußvorlieben. So wird erzählt, er hätte sich während seines Italienaufenthalts per Brief an seine Geliebte gewandt und sie gebeten, ihm ihre getragenen Tanzschuhe zuzuschicken.

Ricky Martin
Der puerto-ricanische Popsänger und Schauspieler gestand in einem Interview: »Es ist zwar nicht gut für mein Image, aber ich bin ein Fußfetischist. Ich finde, Füße sind einfach wunderschön.«

Wissenswertes/Skurriles/Trivia

- Frauen, die hohe Schuhe tragen, fühlen sich laut einer veröffentlichten Studie im Journal »Evolution and Human Behavior« aus dem Jahr 2013 automatisch sexier und projizieren dieses Gefühl auf Männer. Dieser Umstand beeinflusst Männer bei der Partnerwahl.

- Wissenschaftler der amerikanischen Ohio State University haben Fußpornografie in einem Zeitraum von 30 Jahren untersucht und Folgendes festgestellt: Der Konsum von Fetischinhalten boomt immer dann, wenn gefährliche, sexuell übertragbare

Krankheiten im Umlauf sind. So gab es beispielsweise einen signifikanten Anstieg beim Ausbruch der Aids-Epidemie.

- Das Internetportal wikihow (www.wikihow.com) – eine der meistaufgesuchten Seiten im Internet, aber im deutschsprachigen Raum noch nicht so verbreitet – bietet Anleitungen für alle Lebenslagen. So gibt es beispielsweise eine Anleitung für Fußfetischisten mit folgendem Titel »Wie bringe ich meiner Partnerin bei, dass ich Fußfetischist bin«. Sehr amüsant zu lesen!

- Falls Sie mal Lust haben, versaute Geschichten aller Genres mit und über Füße haben, finden Sie im Internet unter den sehr passenden Namen »fussphantasie.de« oder »sockenmaedchen.de« eine wahre Goldgrube.

- Auch ein klassisches Medium gibt es für Fußfetischisten. Im Hochglanzmagazin »Laufmasche« gibt es z. B. Artikel über Strumpfhosensteuer und jede Menge ästhetische Strumpf- und Fußfotos. »Laufmasche« wird seit 1996 gedruckt, kommt mittlerweile auf 31 Ausgaben und kann auch abonniert werden.

- Welcher Fußtyp sind Sie? Anhand des Längenunterschieds zwischen Großzehe und zweiter Zehe werden drei Fußformen unterschieden:
  Ägyptischer Fuß: Die zweite Zehe ist kürzer als die Großzehe.
  Griechischer Fuß: Die zweite Zehe ist länger als die Großzehe.
  Römischer Fuß (auch quadratischer Fuß genannt): Die zweite Zehe und die Großzehe sind gleich lang.

TEIL 2

Fingerspiele und goldener Saft

Frauen sind selten Fetischisten. Einzelheiten interessieren sie weniger. Sie gehen aufs Ganze. Männer sind es eigentlich immer. Der Primaner liebt den Zopf, der Student den Busen und der reife Mann das Bein der Frau. Er weiß warum. Das Haar geht aus, der Busen welkt. Ein schön geformtes Bein aber bleibt bis ins hohe Alter unverfallen.

Carl Hagemann (1867–1940)
deutscher Kunstsammler und Mäzen

Tag 55

PROSTITUIERTENSTAMMTISCH

Viktor:
Knapp zwei Monate sind vergangen und wir haben eine gewisse Routine beim Höschenverkauf erlangt. Obwohl der Anfang holprig war, hatten wir nun einen festen Kundenstamm an Männern, die Tinas Höschen erwarben. Und es kamen ständig neue hinzu. Ich musste mir meine Finger zwar immer noch wund schreiben, dennoch lief alles schneller und strukturierter ab. Die Übergaben selbst verliefen immer recht ähnlich. Treffen an einem öffentlichen Ort, Übergabe der Ware, fertig. Die Wickelräume und Behindertentoiletten der Stadt wurden zu unserem Revier.

Die Anzeigen in den Foren wurden um neue Angebote wie Fußleck- oder Tramplingsession erweitert. Von der ursprünglichen Idee, Höschen mit der Post zu verschicken, hatten wir uns komplett verabschiedet. Persönliche Übergaben mit Ausziehen vorm Kunden waren die Regel. Anfragen mit fragmentarischem Inhalt wie »Hey geile Sau du! – ficken?« oder ähnliche literarische Ergüsse wurden ignoriert oder landeten gleich im Spamordner. Aber die »Marke« Tinahäschen hat sich eindeutig etabliert. Der Beweis dafür waren nicht nur regelmäßige Abnehmer unserer heißen Ware, sondern vor allem zwei Ereignisse:

Eine Mail mit dem Betreff »Geschäftsidee« war ungewöhnlich. Ein gewisser »Mickey68« wollte sich mit Tina treffen und sich bezüglich einer möglichen Zusammenarbeit austauschen. Er war Contentmanager und plante ein neues Projekt: eine Homepage, auf der es möglich war, getragene Höschen zu bestellen. Er wollte Tina als Höschenproduzentin engagieren und bot eine Gewinnbeteiligung an. Aber wir lehnten freundlich ab, das Team Tina ist ein Soloprojekt und das Experiment stand im Vordergrund.

Die zweite Mail sorgte eher für Unbehagen. Es war eine Einladung zum Prostituiertenstammtisch in der Innenstadt. Ich traute meinen Augen nicht. Anscheinend waren wir inzwischen so bekannt geworden, dass uns die Konkurrenz/Kolleginnen in diesen

Club aufnehmen wollten. Aber das kam nicht infrage. Klar wäre es spannend gewesen, sich mit professionellen Prostituierten zu treffen. Sich zwanglos bei Bier und Wein über amouröse Abenteuer zu unterhalten. Aber wir wollten immer unter dem Radar bleiben. Das Gebot der Anonymität musste eingehalten werden. Irgendwann müssen wir schließlich auch wieder seriös arbeiten.

Außerdem hatte ich das Gefühl, dass die Konkurrenz mehr über uns erfahren wollte, da wir anscheinend für Wirbel in der Community sorgten. In erster Linie waren die anderen nicht Kolleginnen, sondern Konkurrentinnen. Ich verfolgte natürlich auch, was andere in den Foren so anboten und wie sie sich darstellten. Trotz großer Konkurrenz war Tina einzigartig und ich glaube, das merkten auch die Kunden.

Caroline:

Ich liebe es, Dessous zu tragen. Schöne Unterwäsche steht mir gut und ich fühle mich sexy. Da viele unserer Höschenabnehmer ganz gezielte Wünsche bezüglich Form, Farbe und Material haben, muss ich viel Zeit in Dessousgeschäften verbringen. So macht mir der Job Spaß. Ich trage auch kaum noch meine eigene Unterwäsche. Nur mehr gewünschte Ware, die zu veredeln war. Die Übergabe in engen Räumen mit fremden Männern war natürlich keine angenehme Sache. Unangenehm, aber im Prinzip harmlos. Nie gab es irgendeinen Vorfall und mit der Zeit wurde ich auch selbstsicherer. Es wurde Routine. Ich versuchte in diesen zwei Minuten möglichst viele Fragen zu stellen. So unauffällig wie möglich, es sollte ja nicht wir ein Verhör wirken. Doch die Kunden wichen immer aus und wollten nur Infos über mein Höschen haben. Die Persönlichkeit hinter dem Fetischisten blieb mir verborgen.

Aber nicht nur Höschen waren am Markt gefragt. Viktor betrieb einen sehr großen Aufwand in den Foren. Fast täglich postete er neue Anzeigen, startete Gruppendiskussionen über Fetischthemen, veröffentlichte Fotos von neu erworbenen Höschen, Socken, Strumpfhosen und ausgetragenen Schuhen. Nicht nur einmal musste ich auf den Dachboden klettern, um alte, gebrauchte Schuhe rauszukramen. So verkauften wir z. B. meine alten Sneakers um 200 Euro. Je ausgetragener desto besser. Ein Kunde war ganz fixiert auf Gummistiefel. Die musste ich mir erst neu kaufen, eine Zeitlang tragen und konnte sie dann um den dreifachen Preis, nachdem sie mit meinem Fußgeruch veredelt worden waren, weiterverkaufen.

Als Viktor mir von der Einladung zum Prostituiertenstammtisch erzählte, musste ich schon mal schlucken. Das war ganz schön heftig. Ich bin keine Prostituierte! Da wollte ich auf keinen Fall hin. Wir wussten auch nicht genau, wie legal das Ganze war, was wir hier trieben. Keiner wusste, wer wir wirklich waren, und wir durften mit niemandem darüber sprechen. Das waren die Gebote. Aus Schutz für unsere Kunden und für unsere Zukunft. Wenn wir zurückkehren in ein bürgerliches Leben.

Tag 58

FUSSLECKER SUCHT HERRIN

Gesendet: [redacted]
Von: »Reek« <[redacted]>
An: Tina.haeschen97@gmx.at
Betreff: **Devoter Schuh und Fußlecker sucht Herrin**

Sehr verehrte Tina!
Ich habe heute Ihre Anzeige gelesen. Ich bin ein sehr devoter Mann, der es liebt, Füße zu liebkosen. Ich benötige darüber hinaus eine strenge Abrichtung, bin beinahe tabulos und werde den Anweisungen meiner Herrin strikt folgen. Es wäre das größte Glück für mich Ihnen als Sklave zu dienen und dabei Ihre göttlichen Füße von jeder Art Schmutz und Ihrem wunderbaren Fußschweiß zu befreien und alles schön in mich aufzunehmen.
Ihr Fußsklave Reek

Viktor:

Immer mehr Nachrichten von devoten Männern. Gott! Wie kommen die bloß auf uns und wie viele davon gibt es da draußen? Sklaven, die eine Herrin suchen. Die ausgebildet werden wollen. Die tabulos sind …

Mit diesem Thema hatten wir uns in den letzten zwei Monaten überhaupt nicht beschäftigt. Ich wimmelte solche Anfragen immer ab – mit Widerwillen. Es wäre doch toll, wenn Tina nun zur Domina würde. Ich habe zwar keine Ahnung, wie man mit Sklaven umgeht, aber es wäre interessant, das rauszufinden. Wären das alles Frauen, die einen Herrn suchten, ich wäre sofort in einer Lederkluft und ließe mich verehren.

Caroline:

Ich habe Viktor schon hundertmal gesagt, dass ich darauf keine Lust habe. Ich will nicht als Domina arbeiten. Ich kann keine Domina sein. Ich bin in sexuellen Dingen nicht dominant. Ich kann solche Leute auch nicht ernst nehmen, die vor mir knien und mich Herrin nennen. Ich müsste sicher die ganze Zeit lachen. Ich kann nicht einfach jemanden schlagen – das wollen die doch, oder? Und außerdem habe ich kein passendes Outfit, kein Equipment. Nein, das geht einfach nicht.

Viktor:

Ich glaube schon, dass sie das kann. Caroline liebt es, in Rollen zu schlüpfen. Während unserer Studienzeit nahm sie Schauspielunterricht und spielte als Laie auf kleinen Bühnen. Ich weiß noch allzu gut, wie sehr sie da aufblühte. Deshalb versuche ich, sie zu überzeugen. Man kann ja mit einfachen Dingen beginnen. Wenn es gar nicht geht, hören wir wieder auf. Aber einen Versuch muss es wert sein. Ich werde die Session mit diesem Reek so einfädeln, als wäre es eine normale Fußlecksession, aber eben mit ein bisschen Domina obendrauf. Der einzige Unterschied ist, dass Caroline den Kunden wie einen Hund behandelt. Er darf sie weder ansehen noch mit ihr sprechen. Dann kommt sie nicht in die Verlegenheit, spontan reagieren zu müssen.

Caroline:

Er schafft es immer wieder, mich zu überreden. Dieses Talent hat er. Er weiß einfach, wie er mich kriegen kann. Mich herauszufordern, mich zu reizen. Das tat er immer schon. Und ich lasse mich gerne provozieren. Ich will mir und ihm beweisen, dass ich das machen kann. Aber nur, wenn es ganz klare Spielregeln gibt. Ein strikter Ablauf, genau geplant. Schlussendlich stimme ich zu, aber nur für einen Versuch. Wenn es mir nicht gefällt, gibt's keine Domina-Tina.

Tag 59

SKLAVENBOOTCAMP

Viktor:

Gerlinde längere Zeit weg. Sie hat die Matura mit Mühe bestanden. Nun verbringt sie ihre Sommerferien im Ausland. Gustav, mein zweiter Mitbewohner, arbeitet. Er mixt Tag und Nacht Cocktails und verdient sich so sein Geld auf konventionelle Weise. Ich arbeite auch. Aber bequem auf der Couch vor dem Fernseher. Ich verdiene mein Geld, indem ich Sklaven anwerbe. Ich weiß aber noch nicht genau, wie. Auf dem Bildschirm flimmert die Serie *Spartacus*. Wie passend. Doch während die Protagonisten der Serie versuchen, sich von den Ketten der Herren zu lösen, muss ich nun das Gegenteil machen. Sklaven engagieren. Ich glaube, Reek erwartet sich eine professionelle Domina. Also muss ich wie eine schreiben. Aber wie schreibt eine Domina?

Gesendet: [redacted]
Von: Tina.haeschen97@gmx.at
An: »Reek« <[redacted]>
Betreff: An das nutzlose Vieh!

Du elender dummer Wurm!
Ob ich dich wirklich als Sklave aufnehme werde, wird sich erst

zeigen. Folgendes musst du vor allem beherrschen: Demut und absoluten Gehorsam! Du widerst mich jetzt schon an, du kleiner dummer Wichser! Den Respekt deiner Herrin musst du dir erst verdienen, deshalb hat deine Göttin bereits die erste Aufgabe für dich!

Du wirst deine Herrin diesen Mittwoch um PUNKT 14:00 im Goethepark treffen. Vis-à-vis vom Hotel Post ist eine Würstelbude und dahinter eine Parkbank. Dort werde ich auf dich warten. Ich habe blonde Haare und werde ein Hundehalsband in meiner Hand halten. Du wirst mich also erkennen. Du wirst dich wortlos neben mich setzen und mich nicht direkt ansehen. Dann wirst du Folgendes sagen: »Ich kleiner verfickter Sklave verdiene eine Herrin wie Sie nicht!« Das wirst du drei Mal wiederholen … Als Tribut wirst du mir ein Kuvert, das 200 Euro enthält, überreichen.
Dann werde ich aufstehen … du wirst mir schön brav in einem Abstand von 2 Metern folgen. Dann, wenn ich sage: »Hund komm!« wirst du beginnen, meine Füße zu lecken und zwar schön sauber. Jede einzelne Zehe und die Sohlen. Den Schweiß und den Dreck wirst du schlucken! Dabei wirst du kein Wort sprechen.

Hast du das kapiert, du Stück Scheiße du? Du wirst mich immer mit »verehrte HerrIn« ansprechen!
Deine Herrin Tina
PS: Du weißt, dass du ein nutzloses Tier bist …

Habe ich das wirklich gerade geschrieben!? Wo kommt denn das auf einmal her? Ich zögere, das Mail zu schicken. Nochmals schaue ich ungläubig auf den Bildschirm und die soeben geschriebenen Zeilen. Interessant, dass das in mir steckt. Tina schreibt zwar versaut, aber immer verspielt und mädchenhaft. Und nun ist Tina eine beinharte Domina – zumindest virtuell.

Andererseits … seit Wochen bin ich nun mit dieser Sprache konfrontiert. Täglich lese ich mehrere Stunden die derbsten Anfragen. Wahrscheinlich habe ich da so manches aufgeschnappt. Irgendwie ist es mir sehr leicht gefallen, diese Zeilen zu schreiben. Es war befreiend, einfach so drauflos zu schreiben. Je derber und demütigender der Text, desto besser. Es war ein Ausbruch aus einer politisch korrekten Welt. Mein studentisches Umfeld hat mich geprägt, mich bewusst und bedacht mit Sprache zu beschäftigen. Mehr noch das Berufsleben. Jede E-Mail musste respektvoll und höflich sein.

Im Hintergrund läuft immer noch die Serie. Viel nackte Haut, Sex und Gewalt. Die höchsten römischen Senatoren sprechen wie meine derbsten Kunden. Es hat sich nicht viel geändert in den letzten 2000 Jahren.

Tag 61

MIT DEM MENSCHENHUND IM PARK SPAZIEREN

Caroline:
Es regnet. Mit beiden Händen klammere ich mich an meinen Regenschirm, wartend auf einer Parkbank. Der exakte Platz, den Viktor dem Sklaven beschrieben hatte als Treffpunkt. Viktor sollte zwar irgendwo in der Nähe sein, aber ich sehe ihn nicht. Ich bin scheißnervös. Kein Wunder. Ich musste noch nie dominant sein. Das ist eine völlig neue Rolle. Es ist wie der erste Tag in einer neuen Arbeit. Ich habe keinen Plan, was zu tun ist. Und keiner hier, der mich einschult …

Ich las mir das Mail des Sklaven Dutzende Male durch. Wie soll ich das Ganze ernst nehmen? Meine größte Angst ist, mich zu blamieren. Ich hoffe, dass ich nicht lachen muss und das ganze Rollenspiel versaue. Ich kann nicht 150 Euro für ein amateurhaftes Verhalten verlangen. Gut, dass ich mit Viktor den Ablauf so genau geplant habe. Das gibt mir Sicherheit. Spontan zu sein ist zwar meine Stärke, aber was tut eine Domina genau?

In meinem Kopf wiederhole ich den Satz. Den Satz, mit dem ich Reek begrüßen soll. Und vor allem den nötigen Tonfall, den ich brauche. Nicht zu tief, das würde komisch klingen, nicht zu hoch, sonst wäre es zu mädchenhaft. Ich entscheide mich für eine kurze, harsch und präzise ausgesprochene Akzentuierung der Wörter. Ein Blick auf die Uhr. Es ist 14:00 – ich sehe hoch …

… Da kommt er. Pünktlich auf die Sekunde – wie von Viktor per Mail befohlen. Ein gut gekleideter, kleiner Mann mit einer Herrenhandtasche. Er sieht aus wie einer, der Tinas Service in Anspruch nehmen könnte. Die Art, wie er geht, signalisiert bereits, dass er eine devote Natur und nicht sehr viel Selbstbewusstsein hat. Er macht ganz kleine Schritte – er wirkt in seiner Erscheinung wie eine japanische Geisha. Seinen Kopf hält er nach unten, den Blick zum Boden. Nur manchmal sieht er kurz auf, um seine Umgebung zu scannen. Er erkennt mich auf den ersten Blick. Ich bin mir nicht sicher, warum. Habe ich bereits eine dominante Ausstrahlung? Könnte ja sein. Schließlich »meditiere« ich seit zehn Minuten, um mich auf die Rolle einer Domina vorzubereiten. Oder wegen des Hundehalsbands in meiner Hand. Egal. Ich versuche, einen enttäuschten, angewiderten »Du verschwendest meine Zeit«-Blick aufsetzen, um ihm gleich zu zeigen, wie abstoßend ich ihn finde. Das war Part of the Game. Ich erinnere mich an die Brainstorming Session mit Viktor. Wir hatten uns überlegt, was wir mit Reek alles anstellen könnten, um seine Sklavenbegierden zu stillen. Ein Diskussionspunkt war der Hundeabstand, den unser Versuchssklave zu seiner Herrin einhalten sollte. Wir hatten uns auf zwei Meter geeinigt.

Jetzt steht er vor mir. Sein ganzer Körper zittert! Wow! Er ist nervöser als ich. Ich merke, dass ich die Macht habe und tun kann, was ich will. Das beruhigt mich. Jetzt setzt er sich, sieht mich kurz an und beginnt zu sprechen. »Ich kleiner, verfickter Sklave verdiene eine Herrin wie Sie nicht« – er wiederholt diesen Satz noch drei Mal. Erst jetzt drehe ich mich zu ihm. Er sieht mich an. Ich verpasse ihm eine Ohrfeige. Eine Mischung aus Schock und Begeisterung huscht über sein Gesicht. Damit hat er nicht gerechnet. Ich auch nicht! Die ist mir rausgerutscht. Aber er hat mich angesehen und das darf er nicht.

Ich stehe auf. »Komm, Hund, folge mir!«, sage ich mit entschlossener Stimme. Ich versuche, meine Nervosität zu überspielen. Nun gilt es, einen geeigneten Platz im Park zu finden, wo er ungestört die Füße der Herrin lecken darf. Es sind kaum Menschen anzutreffen. Der Regen hat auch sein Gutes. Ich spaziere einige Minuten durch den Park. Mein Menschenhund folgt mir zwar auf zwei Beinen, aber etwas gebeugt mit zwei Metern Abstand. Es muss ein seltsames Bild für Außenstehende sein.

Hinter einer großen Eiche bleibe ich stehen. »Knie nieder vor deiner Göttin und leck meine Schuhe sauber!«, schnauze ich ihn an. Kurz zögert er, blickt herum, ob Passanten zu sehen sind. Kein Mensch weit und breit. Dann fängt er an, mit Hingabe meine Schuhsohlen sauberzulecken. »Guter Hund«, sage ich nach einer Weile. Ich ziehe einen meiner Ballerinas aus und stecke meinen Fuß in seinen Mund. Er lutscht an meinen Zehen wie ein hungriges Tier.

»Entschuldigen Sie, wissen Sie wie man zur nächsten U-Bahn kommt?« Mein Sklave und ich erstarren. *Fragt uns da wirklich gerade ein Passant nach dem Weg?* Reek stoppt sofort seinen »Putzleckvorgang«. Ich nehme meinen Fuß aus seinem Mund und drehe mich vorsichtig um. Ein älteres Paar steht hinter mir und lächelt mich an. Ich bin wie versteinert. Dann höre ich den Sklaven sprechen. »Tut mir leid, wir wissen es nicht.« Mit einem unschuldigen Lächeln spazieren die Beiden weiter. Scheiße! Wie peinlich! *Was die wohl denken müssen. Ich will sofort weg hier!* Ich schließe kurz die Augen. Du bist jetzt Tina. Es ist wie in einem Theater und du stehst auf einer Bühne. Bleib in deiner Rolle und blende das Publikum aus.

Trotz meines Schocks blicke ich wütend. »Wer hat dir gestattet zu sprechen!? Runter mit dir zu meinen Füßen!« Der Regen hat den Boden aufgeweicht und dadurch ist mein Fuß voller Schlamm. *Gut so. Jetzt hat er wieder etwas zum Sauberlecken.* Obwohl er sich bemüht, hat er massive Probleme. Der nasse Boden ist so pappig, dass er den Schlamm nicht ordentlich schlucken kann.

Der Regen wird stärker und ich bin bereits total durchnässt und fröstle. Ich habe genug und gehe zurück zur Parkbank. Wieder folgt er mir wortlos im Hundeabstand. Ich will mich setzen, doch die Bank ist nass. Ich befehle ihm, seine Jacke auf die Bank zu legen, sodass ich trocken sitzen kann. Sofort tut er demütig gebeugt, was ich sage. Ich bin zwar immer noch nervös und ich habe keine Ahnung, ob er das merkt und ob ihm meine Vorstellung gefällt, aber ich muss zugeben: Die Rolle der Domina gefällt mir. *Ich habe die absolute Macht und Kontrolle.*

»Mein Schuh ist schon wieder dreckig!«, schnauze ich ihn an. Wegen des nasskalten Regens habe ich wirklich schlechte Stimmung und es ist schön, einen Sklaven zu haben, an dem ich meine

Aggressionen ausleben kann. Ich nutze den Regenschirm, um ihm etwas Privatsphäre zu geben. Doch diesmal bin ich mit seiner Mundfußsäuberungsaktion nicht zufrieden. »Hoch mit dir!« Er sieht mich verdutzt an. Ich schlage ihm drei Mal ins Gesicht. Bam! Bam! Bam! Ein Schlag nach dem anderen. Irgendwie genieße ich es ... Diese Schläge waren aber nicht dafür, weil er meinen Fuß nicht ordentlich sauber geleckt, sondern weil er zu viel Spucke auf meinem Fuß hinterlassen hat. Ich wollte meinen Fuß voller Speichel nicht zurück in meine Ballerinas stecken. Genug ist genug. Ich sage ihm, dass ich absolut nicht zufrieden bin mit seiner »Performance« und dass das Konsequenzen haben wird bei unserem nächsten Treffen. Ja, ich gebe es zu: Es macht mir Spaß. Das Einzige, woran ich vor zukünftigen Sessions arbeiten muss: das richtige Domina-Vokabular.

Dann stehe ich auf und will gehen und vergesse beinahe, dass er seinen Tribut noch nicht abgeliefert hat. »Hast du nicht etwas vergessen?« Er fängt an, in seiner Hosentasche zu kramen und übergibt mir ein Kuvert mit 150 Euro. Wieder bin ich überrascht, dass man für ein paar Minuten Dreck-lecken-Lassen so viel Geld verdienen kann. Dann steht er auf und wartet. Was will er noch? Ich weiß nun, er liebt es, gedemütigt zu werden, also sage ich lapidar. »Geh weg, du Hund.« Er verneigt sich und trottet weg. Ich sehe ihm noch einige Augenblicke nach. Reicher an Erfahrung. Reicher an Geld. Reicher an Speichel in meinen Ballerinas.

Tag 67

DOMINA-NACHWEHEN

Caroline:

Ich muss zugeben, die Session mit dem Menschenhund Reek ist gut gelaufen. Unerwarteterweise. Aber in der Rolle einer Domina zu sein, behagt mir immer noch nicht ganz. Jetzt mit einer Woche Abstand sehe ich das skeptischer. Ich war wohl in einer Art Rausch, einem Sog und ich hatte Glück. Es hat zwar irgendwie funktioniert, aber das bin nicht ich. Ganz im Gegenteil. Ich mag es, wenn ein Mann im Bett dominant ist. Wenn er mich packt und genau weiß, was er tut und was er will, und mir das auch zeigt. Im Alltagsleben musste ich ständig dominant sein. Entscheidungen treffen, um meine Zukunft kämpfen. Es fühlte sich gut an, im Bett passiv zu sein und jemandem anderen die Kontrolle zu überlassen.

Ein weiterer Grund für meine Abneigung, eine Domina zu spielen, ist die Sprache. Nicht weil ich sie zu anzüglich und zu ordinär finde. Mir fehlt das richtige Vokabular. Dieses Mal war es noch relativ harmlos und wortkarg. Aber ich bin mir sicher, der Tag wird kommen, da ich mehr sagen muss. Außerdem werde ich mehr als nur verbal dominant sein müssen. Sklaven wollen Schmerz ertragen, dass wusste ich aus den vielen Mails, die mir Viktor zeigte. Aber ich kann nicht jemanden einfach so schlagen. Ich hätte immer ein schlechtes Gewissen. Er hat mir ja nichts getan. Ich werde mir das noch einmal genau überlegen.

Tag 69

MEINE GRÖSSTE FANTASIE

Viktor:

Anfragen mit eindeutigen sexuellen Handlungen kommen täglich ins Postfach. Einer bietet sogar 1000 Euro für eine Nacht mit Tina. Aber das war absolut tabu. Doch folgende Mail verstieß nicht wirklich gegen unsere Gebote. Zumindest nicht das erste Gebot. Kein Sex, kein Körperkontakt.

Gesendet: [redacted]
Von: »Real_Gentleman« <[redacted]>
An: Tina.haeschen97@gmx.at
Betreff: **Anzeige……**

Schönen guten Abend Tina,
Ich habe vor einiger Zeit einen Beitrag von Ihnen gelesen und dass Sie Ihr Höschen auch persönlich überreichen. Da ich morgen geschäftlich in der Stadt bin, wollte ich einmal nachfragen, ob Sie Zeit hätten für einen speziellen Wunsch.
Meine größte Fantasie wäre es, Ihnen dabei zuzusehen, wie Sie masturbieren und ich es dabei mir selbst mache. Wundervoll wäre es, wenn Sie dabei neben Ihren Fingern einen Dildo verwenden würden.
Ein wenig etwas über mich: 43, 176, 75, gepflegt, rasiert, abenteuerlustig und »a bissl« crazy.
Ich würde mich freuen, wenn Sie morgen Zeit und Lust hätten, sich mit mir zu vergnügen und sich bei mir melden würden.
Lustvolle Grüße
Rudolph

Ich leite es mal an Caroline weiter. Mal sehen, was sie dazu sagt.

Caroline:
Mein erster Gedanke: NIEMALS! Das geht zu weit. Füße lecken, ok. Höschen ausziehen und übergeben, ok. Eine Domina spielen. Gerade noch ok. Aber das hier? Das erste Gebot lautet: Du sollst klare Grenzen setzen – kein Sex, kein Körperkontakt.

Doch das Thema geht mir den ganzen Tag nicht aus dem Kopf. Immer und immer wieder lese ich mir die Mail durch. Es ist Nacht geworden. Ich liege im Bett und kann nicht schlafen. Warum reizt mich das bloß so? Und wäre es wirklich so schlimm? Verrückt auf jeden Fall. Es haben mich nun doch schon einige Männer nackt gesehen. Immer nur ganz kurz, und da war ja auch nichts dabei. Oder? Am Beginn des Experiments waren für mich die Grenzen noch viel klarer. Doch jetzt gehe ich viel lockerer mit diesen Dingen um.

Aber dennoch. Es ist etwas anderes. Vor jemandem Fremden zu masturbieren. Diesen intimen Moment zu teilen. Das war immer meines, ganz allein meines. Ich habe noch nie vor jemandem anderen masturbiert. Nicht mal vor meinen Partnern. Traue ich mich das? Wie würde ich mich dabei fühlen? Ich würde meine Komfortzone definitiv verlassen. Ich spiele die Situation im Kopf durch. Ich glaube, meine Neugierde ist größer als meine Angst. Es hätte seinen Reiz. Verdammt. Wir haben Regeln aufgestellt, die würde ich nie brechen, aber die waren sehr dehnbar. Viel Platz für Interpretationen. Auf jeden Fall müsste es genau abgesprochen sein.

Ich wälze mich weiter im Bett. Ich bin doch jetzt schon viel zu weit gegangen. Verliere ich den Bezug zur Realität? Außerdem habe ich einen Freund! Für ihn ginge das auf jeden Fall zu weit! Er würde das nicht verstehen. Ich verstehe mich selbst manchmal nicht.

Tag 71

EIN BESONDERS ROMANTISCHES DINNER

Caroline:
Freitagabend. Ich sitze in einem der schicksten Restaurants der Stadt. Der Mann, der mich zu diesem ganz speziellen Abendessen eingeladen hat, sitzt mir gegenüber. Ein gut aussehender ca. 50 Jahre alter Projektmanager einer großen, bekannten Firma. Dieses elegante Abendessen sollte ein Highlight meiner Woche werden, gäbe es nicht diese eine Kleinigkeit, die ich machen muss, damit dieses Abendessen überhaupt stattfindet. Unser Tisch ist etwas abseits, dennoch huschen ständig irgendwelche Kellner an uns vorbei. *Von Privatsphäre keine Spur. Den hätte er besser wählen können.* Der Kellner bringt die Vorspeise. Unschuldig lächelnd genieße ich die köstliche Tomatensuppe. Ich warte auf den geeigneten Moment für die Schandtat, die ich vollbringen werde. Ich blicke links. Eine Familie mit Kindern diskutiert über einen geplanten Urlaub. Ich blicke rechts. Ein alter Mann schlürft seinen

Kaffee und ist in seine Zeitung vertieft. *Besser wird's nicht. Los geht's.*

Ich spreize meine Beine, greife unter meinen Rock und ziehe mein Höschen nach unten. Langsam rutscht es meine Beine hinunter. Nun spreize ich meine Schamlippen, blicke meinem Gegenüber in die Augen und flüstere: »Jetzt«

Und schon höre ich das typische Geräusch. Klick, klick, klick. Er hört gar nicht mehr auf und will wohl alle möglichen Winkel ausprobieren, um meine Vagina unter dem Tisch zu fotografieren. Ich tue so, als würde ich seelenruhig weiter meinen Salat essen. Aber das Geräusch macht mich wahnsinnig. Hoffentlich bekommt keiner etwas mit. Es ist wie bei einem Fotoshooting. Ich sehe deutlich, wie sehr ihn dieses kleine Spielchen erregt. Klick, klick, klick! *Wann ist endlich Schluss?!* Ich werde unruhig, denn besonders subtil geht er nicht vor bei seinem Treiben. Wohl aus Geilheit. *Los, Caroline. Lenk ihn ab.* »Wie kommst du eigentlich auf so eine Idee?«, frage ich ihn.

Es hat funktioniert. Als hätte ein willenloser Zombie plötzlich wieder ein Hirn. Er zögert. Doch ich lasse nicht locker. Bis er anfängt, ganz offen zu erzählen, warum wir heute hier sitzen. Und so erfahre ich, dass er in den letzten Jahren nur mit seiner Arbeit beschäftig war, die Kinder außer Haus sind und die Ehe nach dreißig Jahren nur mehr eine Gewohnheit ist. Es ist langweilig geworden. Und nach langer Überlegung beschloss er, im Internet jemanden zu finden, mit der er etwas Besonders erleben kann. Etwas Neues, Abenteuerliches. Und so kam er auf die »komische Idee« dieses Fotoshootings.

Ich wundere mich, dass er so offen darüber spricht, seine Frau zu betrügen, und bekomme ein schlechtes Gewissen. *Aber so richtig betrügt er sie ja nicht. Er macht ja nur Fotos. Kann es auch ein Fetisch sein, nur zu beobachten? Nun gut, keine Zeit, darüber nachzudenken.* Ich esse schneller. Je schneller ich esse, desto schneller kann ich wieder raus von hier und einer erneuten Fotosession entgehen und außerdem Kellnern und anderen Gästen Blicke auf unser unsittliches Treiben ersparen.

Zwanzig Minuten später. Wir verlassen das Restaurant. Der 200-Euro-Deal ist noch nicht vollendet. Vereinbart war, dass ich ihm im Restaurant während des Essens meine Muschi zeige, danach sollte eine Masturbationssession folgen. Die Erfüllung seiner größten Fantasie. Wir gehen in ein Stundenhotel in der Nähe. Viktor wartet draußen.

Im Zimmer angekommen, setze ich mich auf einen Stuhl. Er sitzt mir gegenüber auf dem Bett und sieht gespannt zu, wie ich meinen Rock hebe. Ich streife meinen Slip zur Seite und fange an mit meinen Schamlippen zu spielen. Ich schließe kurz die Augen und stöhne leicht. Meine Hände reiben meine Klitoris stärker und stärker. Auch mein Stöhnen wird stärker. Alles nur gespielt. Er sieht nur zu.

Jetzt fragt er, ob er mich dabei filmen kann. *Sie wollen immer mehr.* Nein, das geht nicht. Wer weiß, ob er dabei mein Gesicht auch filmt? Das ist mir zu gefährlich. Er bettelt mich an. Es wäre sein größter Wunsch und eine unvergessliche Nacht. Option 1: Ich unterbreche die Session, gehe heim und die Geschichte ist erledigt. Option 2: Ich gebe unter strikten Bedingungen nach und ziehe die Sache durch. Ich wähle Option 2. Ich gestatte ihm ein 10-sekündiges Video, aber nur, wenn ich danach die Fotos und das Video überprüfen kann.

Während er mich beobachtet, onaniert er nicht. Obwohl ich an der Beule in seiner Hose deutlich sehen kann, wie sehr er erregt ist. Aber er will die Zeit mit mir nutzen, um möglichst viele Aufnahmen zu machen. Es ist definitiv nochmals etwas anderes, wenn jemand dich bei diesem intimen Moment filmt. Noch komischer ist es, sich selbst masturbierend auf seinem Handy zu sehen. In HD wohlgemerkt. Aber ich muss gestehen, ich finde meine Performance gar nicht schlecht.

Wir verlassen das Zimmer. Er erzählt mir auf dem Weg zur Lobby, dass für ihn nicht die Fotos oder das Video im Vordergrund stehen, sondern das Kennenlernen mit mir. Er würde sich gerne bei Sympathie eine längerfristige romantische Beziehung wünschen. *OK …* Wer beginnt eine romantische Beziehung auf diese Art und Weise?

Tag 72

ÜBERRASCHUNGEN

Viktor:

Caroline ist immer für eine Überraschung gut. Ich dachte beim besten Willen nicht, dass sie sich auf ein Masturbationsdate einlassen würde. Nach der Dominanummer wollte ich ihr nicht zu viel aufschwatzen. Also hab ich die Anfrage der geheimen Fantasie von Rudolph nur mal weitergeleitet, ohne meine sonst üblichen augenzwinkernden Kommentare. Anscheinend hat sie das erst recht als Provokation aufgenommen, denn sie hat es wirklich durchgezogen. Ich wollte wie immer jedes Detail wissen. Immerhin hat sie vor diesem Rudolph masturbiert UND sie hat sich dabei filmen lassen. Ein self-made Porno. Das kam WIRKLICH unerwartet.

Vielleicht hat ihr die letzte Session aber auch irgendwie gefallen. Sich filmen zu lassen, während sie mit sich selbst spielt. Sie würde das niemals zugeben. Aber sie hat sich darauf eingelassen. Professionell betrachtet gab es keinen Grund dafür. Es war nicht vereinbart. Sie hätte einfach Nein sagen können, egal wie lange er bettelt. Schade, dass ich das nie mit ihr gemacht habe. So ein home-made Video würde mir auch gefallen ...

Das haben Caroline und ich nie getan, als wir noch Sex hatten. Ach ja, ich glaube, das habe ich noch gar nicht erwähnt: Caroline und ich hatten eine Zeitlang was miteinander. Es war eine Sexgeschichte. »Friends with benefits« nennt man das ja heute. Aber das war alles vor dem Experiment und bevor sie ihren fixen Freund hatte. Vielleicht erklärt das auch, warum es kein großes Ding für uns war, Fotoshootings von Caroline in Unterwäsche zu machen. In sexy Posen, in Strapsen und teilweise auch Nacktfotos. Selbst für gute Freunde wäre das zu intim gewesen. Wir waren uns auch auf sexueller Ebene sehr vertraut, und das war mit Sicherheit ein Grund dafür, warum wir bei diesem Experiment so ein gutes Team waren.

Caroline:
Ja, ich hab's getan. Ich hab's tatsächlich durchgezogen. Mehr noch. Ich hab mich dabei filmen lassen. Ich bin wieder mal von mir selbst überrascht. Ich bin stur und muss mir selbst immer alles beweisen. Ich weiß auch nicht, warum ich so ticke. Vielleicht kommt immer mehr und mehr Crazy Caroline wieder zum Vorschein. Das junge Mädchen von damals. Das sich alles traute, das keine Grenzen kannte. Aber für mich war klar, es würde zu keinem weiteren Treffen mit diesem Mann kommen. Er war mir nicht sympathisch, und ich mag es nicht, wenn jemand mehr fordert, als ausgemacht war.

Viktor glaubt, es hat mich angeturnt. Aber da täuscht er sich gewaltig. Er kennt mich ja. Er weiß, dass ich privat im Bett eher das Blümchensexmädchen bin. Keine Sadomaso-Spielereien. Keine ausgeklügelten Rollenspiele. Damit hat er mich auch immer etwas aufgezogen. Diese Sessions haben für mich aber absolut nichts Sexuelles. Sie sind Teil des Experiments. Und so trenne ich das auch. Zum eigenen Schutz. Tina macht Sachen, die Caroline nie tun würde.

Tag 75

ÜBLICHERWEISE NUR ZWEI MINUTEN

Caroline:
Ich stehe halb nackt mit Fabian, einem 42-jährigen Koch, in einem Babywickelraum in einem Einkaufscenter. Der Deal: Er bekommt zuerst mein Höschen und dann darf er meine Brüste und meine Muschi sehen und dabei wichsen. Natürlich ohne Körperkontakt. Wie mit Viktor vereinbart.

Nun steht er vor mir und wichst und wichst und wichst. Aber er kommt einfach nicht. Die Zeit vergeht, die Minuten verstreichen. Wie lange braucht er denn noch? Mütter fangen an zu klopfen, Babys schreien wegen ihrer vollen Windeln, die gewechselt werden müssen. Und ich stehe hier vor einem wichsenden Mann und sollte in 15 Minuten wieder zurück in meiner Arbeit sein. Die nicht gerade ums Eck liegt. Stress pur! Der Typ hat sich eindeutig überschätzt, als er Viktor schrieb, er kommt üblicherweise in zwei Minuten.

»Ich kann nicht kommen, ich kann nicht kommen. Ich kann so nicht kommen. Darf ich deine Brüste anfassen? Bitte, bitte, bitte. Nur kurz, nur kurz.«

Das Geschrei vor der Kabine wird lauter. Das Klopfen aggressiver. Der Druck steigt. Ich habe Angst, dass gleich jemand von der Security auftaucht. Und ich muss dringend in die Arbeit. Was tun? Ich lasse ihn kurz für ein paar Sekunden eine Brust anfassen. Natürlich mit der Hand, mit der er nicht wichste. Das war meine Bedingung. Er wichst weiter und kommt nach wenigen Sekunden. Endlich!

Doch wieder komme ich zu spät zur Arbeit. Schon das dritte Mal in dieser Woche. Ich habe sicher schon den Ruf, unzuverlässig und schlampig zu sein. Dabei bin ich genau das Gegenteil. So kann das nicht weitergehen! Während ich zur Arbeit eile, werde ich immer wütender. Bis es mir dämmert: Es ist passiert. Ich habe eine eindeutige Grenze überschritten. Eine Grenze, die ich nie überschreiten wollte und auch nie wieder überschreiten will. Ich habe ihm erlaubt, mich anzufassen. Das Experiment gerät außer Kontrolle. Wie konnte ich das zulassen?! Unter Stress neige ich dazu, falsche Entscheidungen zu treffen. Erst später lernte ich mit Stress umzugehen, einen kühlen Kopf zu bewahren und definitiv Nein zu sagen.

Tag 80

SPANNUNGEN

Viktor:

Das Verhältnis zwischen mir und Caroline war schon mal besser. Die Stimmung ist mehr als gereizt.

Immer öfter kommt es zu Streitereien und Schreiduellen. Nicht die Art der Jobs ist der Grund für die miese Stimmung, sondern das Timing und die Locations. Normalerweise ist sie nach den Sessions wie auf Drogen, voller Adrenalin. Sie ist euphorisch und erzählt mir ausführlich, wie alles ablief, was sie tat, ihre Eindrücke vom Geschehen. Wir scherzen, sind ausgelassen und ich lausche gespannt ihren Ausführungen. Doch in diesen Tagen ist sie ganz anders drauf. Kein Wunder. Nach dem Vorfall mit diesem Fabian. Sessions in öffentlichen Parks oder auf irgendwelchen Toiletten in Einkaufszentren werden zu stressig. Caroline fühlt sich an solchen Orten nicht mehr wohl. Wir brauchen unbedingt einen ruhigen und festen Ort für die Treffen mit den Kunden.

Caroline:

Das Experiment ist auch eine Geldeinnahmequelle für uns beide, und so wollen wir die begrenzte Zeit des Experiments möglichst intensiv nutzen, um einen gewissen Polster zu haben. Doch der Vorfall mit Fabian gab mir zu denken. Das wäre nicht passiert, wenn wir einen privaten Ort hätten, an dem ich die Kunden ungestört treffen kann.

Und ich kann nie was planen. Ich weiß nie, wann der nächste Job kommt. Wenn ich mit meinen Freunden oder meinem Freund etwas ausmache, ist es nie sicher, ob ich mich daran halten kann. Oder ich komme zu spät. Meine verfügbaren Zeitfenster zwischen Privatleben und meinem Halbtagsjob sind oft sehr eng und somit zählt jede Minute. Wenn Kunden unpünktlich sind oder die Session länger dauert, bringt das meinen ganzen Zeitplan komplett durcheinander. Alle sind schon richtig sauer auf mich. Besonders mein Freund. Für die Kunden muss ich beinahe 24 Stunden am Tag verfügbar sein. Und das sieben Tage die Woche.

Tag 83

LIEBESNEST

Viktor:
Jeden Tag war ich daran vorbeispaziert, doch erst heute hatte ich DIE Idee. Warum nicht hier? Zugegeben, es war ein Loch. Ein mehr als renovierungsbedürftiges Haus in der Nähe meiner Wohnung, unbewohnt und somit mietfrei! Nach kurzer Inspektion des »Anwesens« fand ich das perfekte Zimmer. Ein gelber Laminatboden, zwei Fenster, keine Möbel und vor allem schön ruhig und keine Störung von Passanten. Mit einer fixen Location können wir besser arbeiten und haben weniger Stress. Wie sagte schon der alte Goethe? »Warum denn in die Ferne schweifen, wenn das Gute liegt so nah.« So oder ähnlich muss er es wohl gesagt haben. Egal. Ich hatte die Lösung gefunden.

Tag 87

DIE GESCHICHTE VON HORNY HEINRICH

Caroline:
Noch im Halbschlaf erreiche ich den ausgemachten Treffpunkt. Es ist halb neun morgens, ich warte wie üblich vorm Bahnhof und versuche, nicht wie ein Zombie auszusehen. Jobs so früh morgens sind für mich als Morgenmuffel die absolute Katastrophe, aber manche Kunden brauchen schon bevor sie in die Arbeit gehen ihren sexuellen Kick. Und wer ein erfolgreiches Business führen will, muss sich eben dem Zeitmanagement der Kunden anpassen. Männer in Beziehungen, mit Job und Kindern haben nun mal ein enges Zeitfenster um ihre geheimen, verborgenen Wünsche auszuleben.

Ein Zeitungsverkäufer steht gleich neben mir. Auch er ist jeden Tag hier, wir teilen uns quasi diesen Bereich. Er lächelt mich an.

Was der wohl von mir denken mag? Ein junges Mädchen, das an manchen Tagen mit drei verschiedenen Männern von hier wegmarschiert. Ich gehe ein Stück weiter um die Ecke, sodass er mich nicht sehen kann. Ich finde es unangenehm, wenn jemand bemerkt, was ich hier genau treibe. Es ist 08:40 Uhr und ungeduldig warte ich auf die nächste unmoralische Episode.

Immer, bevor ich meine Kunden treffe, bekomme ich ein kurzes Briefing von Viktor. Seinen Eindruck über die Kunden, was sie sich wünschen und was tabu ist und welcher Preis vereinbart wurde. Mehr Info ist es auch meistens nicht. Alles, was ich diesmal weiß, ist, dass er sich selbst »Horny Heinrich« nennt und dass er darauf steht, Füße von jungen Mädels zu lecken und an ihren Höschen zu riechen. Das Übliche.

Es ist nun 09:45 Uhr, doch keine Spur von unserem heutigen Fußliebhaber. Entweder kommen sie überpünktlich oder sie tauchen gar nicht auf. Manche von ihnen bekommen in der letzten Minute doch noch Angst und trauen sich nicht. Fetischisten, die sich mit fremden Mädchen übers Internet verabreden, sind oft genauso skeptisch wie ich es bin bei diesen Treffen.

Manche Kunden erzählten mir von ihren schlechten Erfahrungen. Versprochene junge, schlanke Mädchen waren oft alt und alles andere als schlank. Sie bemühten sich nicht und spulten ihr Programm motivationslos herunter. Auch die Örtlichkeiten der Treffen waren manchmal unangenehm. Wohnungen, die versieft waren und bestialisch stanken. Deshalb war es umso wichtiger, ein gutes Standing in den Foren zu haben. Eine gute Reputation. Und ich bemühte mich immer. Ich nahm dieses Experiment mehr als ernst …

Ein Blick auf mein Businesshandy – eine SMS von Horny Heinrich. Er hat zehn Minuten Verspätung und es tut ihm schrecklich leid. Manieren haben die meisten. Das erleichtert dieses Business immens. Ich schreibe ihm, er soll sich beeilen. In einer Stunde muss ich wieder Anwaltsgehilfin spielen. Ich nutze die Zeit, um die ersten Sonnenstrahlen auf meiner Haut zu genießen. Die Hitze fühlt sich gut an und hat auch einen positiven Effekt. Ich schwitze – und Schweiß ist das Gold der Fußfetischisten. Meine Füße in meinen engen Ballerinas sollten nun ordentlich schwitzen und eine gute Duftnote haben. Ich weiß, das klingt widerlich, aber das ist es, was Fußliebhaber brauchen.

Mein Telefon vibriert. Eine weitere SMS. »Ich bin hier. Wo bist du?« Oh, er muss irgendwo hier sein, aber wo? Ich blicke mich um und sehe einen ca. 40-jährigen Mann, der nervös hin und her geht. Das muss er wohl sein, und ich gehe auf ihn zu. Er lächelt mich etwas verlegen an. »Bist du Tina?« »Ja, ich bin's«, antworte ich ebenfalls mit einem Lächeln. Er sieht aus wie ein richtiger Gentleman. Er trägt ein schwarzes Sakko, darunter ein perfekt sitzendes weißes Hemd, das nicht billig war, und dazupassende italienische Designerschuhe. Kurz gesagt, ein gepflegter, gestylter Mann, der für meinen Geschmack zu oft im Sonnenstudio war und der sein Parfum eindeutig zu stark aufträgt. Auch an der Art, wie er spricht, merkt man, dass er ein Mann mit Bildung und Niveau ist.

Auf dem Weg zu unserem neuen »Lusthaus« habe ich etwas Zeit, mehr über meinen Kunden herauszufinden. Diese paar Minuten Small Talk sind besonders wichtig bei Neukunden, um zu entscheiden, ob ich den Auftrag wirklich durchführen will. Es ist die letzte Chance, diesen Menschen einzuschätzen. Wie er spricht, wie er wirkt und ob ich ihm vertrauen kann. Und so frage ich Horny Heinrich, ob er seinen Fetisch mit seiner Partnerin teilt. Ich bin immer wieder erstaunt, dass diese Männer sehr freizügig von ihrem Privatleben erzählen, so auch er. Wahrscheinlich ist es für sie befreiend, ganz offen und ungezwungen mit jemandem über ihren Fetisch zu sprechen. Jemand, der sie nicht verurteilt für ihre außergewöhnlichen Wünsche.

Horny Heinrich ist von Beruf Rechtsanwalt, verheiratet mit drei Kindern. Er erzählt mir, dass er bereits seit 20 Jahren von seiner Fußleckvorliebe weiß, er aber dieses Verlangen nicht mit seiner Frau teilen kann. Als er ihr davon erzählte, war sie schockiert und gab ihm deutlich zu verstehen, dass sie davon nichts wissen will. Das ist mein übliches Stichwort für meinen Stehsatz: »Tja, dafür bin ich ja da.«

Ich frage mich selbst, wie es wohl sein muss, mit einem Mann liiert zu sein, der einen sehr speziellen Fetisch hat. Was wäre mir lieber? Einen Freund zu haben, der seinen Fetisch heimlich auslebt, oder dass er mir die Wahrheit sagt? Ich weiß es nicht genau. Es gibt Sachen, die ich tolerieren würde. Nach allem, was ich erlebt habe, bin ich sicher offener geworden … Nein. Ich würde es auf JEDEN Fall wissen wollen. Egal, was es ist. Wenn es etwas ist, mit dem ich umgehen kann, dann kann man daran arbeiten. Wenn es aber ein absolutes No-Go ist, dann ist er auch nicht der richtige Partner für mich und ich mit Sicherheit nicht für ihn.

Doch zurück zur gegenwärtigen Situation. Wir sind kurz vor dem Eingangstor des unbewohnten Hauses. Das Problem ist, dass diese Straße sehr belebt ist. Ein Chinarestaurant am Eck, ein Supermarkt ein paar Häuser weiter. Ich werde in Zukunft höllisch aufpassen müssen, dass niemand bemerkt, dass ich mit zahlreichen Männern in dieses baufällige Gebäude verschwinde.

Meinen Kunden erzähle ich, dass das Haus den Eltern eines Freundes gehört. Zu teuer zum Renovieren, zu schäbig, um es weiterzuvermieten. Ich warne ihn vor, dass es etwas müffelt, und hoffe, Viktor hat den Businessraum ordnungsgemäß vorbereitet. Wir gehen in das Zimmer und Horny Heinrich ist sichtlich geschockt vom Zustand der Wohnung. Ein eigenartiger Geruch schlägt uns ins Gesicht. Wir lüften kurz, doch dieser Gestank hat sich wohl in all den Jahren hier manifestiert. Könnte der alte, widerliche Laminatboden sein, die schmutzigen Wände oder sogar die Kanalisation. Die Wohnung hat ansonsten keine Einrichtung, nur ein Sessel steht mitten im Raum, die Fenster sind mit Decken verhüllt.

Ich setze mich auf das Fensterbrett und schlüpfe mit meinem linken Fuß aus meinen Ballerinas. Horny Heinrichs Irritation bezüglich des Zimmer ist sofort verschwunden, als er meinen Fuß erblickt. Er zieht sein elegantes Sakko aus und mit großer Zärtlichkeit meinen zweiten Schuh, den er sich sofort an die Nase hält und inhaliert. Ich sehe, wie sehr er meinen Duft genießt. »Steck ruhig deine ganze Nase hinein, damit du mich noch besser riechen kannst.« Ich habe wohl die richtigen Worte gewählt, denn ich merke, dass ihn das so richtig anturnt.

Nun zieht er meine Söckchen aus, genießt es mit vollen Zügen, daran zu riechen und meinen Duft aufzunehmen. Es sieht fast so aus, als würde er high werden von meinem Geruch. Wie ein Junkie, der sich gerade einen Schuss Heroin verpasst. Seine Augen verdrehen sich leicht und er hat dieses Lächeln der vollkommenen Befriedigung. Aber ist so etwas wirklich möglich? Kann jemand vom Duft schmutziger verschwitzter Söckchen high werden? Er scheint jemand zu sein, bei dem das möglich ist. Während er meine Socken förmlich mit seiner Nase auffrisst, fragt er mich etwas Unerwartetes.

»Könntest du bitte ganz hart an meinen Brustwarzen ziehen, damit ich dich anbetteln kann, deine Füße zu lecken?« Und da geht mir ein Licht auf. Dieser Mann ist nicht nur ein Fußfetischist. Er ist absolut devot! Um meinen Verdacht aufzuklären, frage ich ihn, was er sich von diesem Treffen erwartet. Und dann erzählt er mir die ganze Wahrheit seines Fetischs.

Ich hatte recht. Er ist ein sehr, sehr devoter Mann und auf der Suche nach einer Herrin, die ihn erzieht. Neben seinem Fußfetisch hat er einen sehr speziellen Tick. Er muss sechs Mal am Tag masturbieren. Können Sie sich das vorstellen? Sechs Mal am Tag! Es beginnt in der Früh beim Duschen, mehrmals auf der Toilette im Büro und dann wieder zu Hause heimlich im Badezimmer oder auf öffentlichen Plätzen, wie im Fitnessstudio oder im Freibad. Seine Frau weiß nichts davon. Diese Sucht und seine fehlende Selbstbeherrschung machen es für ihn immer schwieriger, sich bei seiner Arbeit zu konzentrieren und produktiv zu sein. Er hat eine Frau als Chefin, noch dazu eine, die sehr streng ist. Ihre herrische Art macht ihn dann noch geiler, und es kommt sogar vor, dass er während eines Meetings den Raum verlässt, um auf der Toilette zu masturbieren. Ich frage ihn, ob das auf Dauer nicht weh tut. »Ja, das tut es. Aber ich mag auch Schmerzen, deshalb ist das kein Problem.«

Horny Heinrich wurde zu einem unserer Stammsklaven. *Mein Sklave*. Wochen später kontrollierte ich seine Wichssucht. Wir trafen uns fast jede Woche einmal. Ich habe ihm die verschiedensten Aufgaben gestellt. So musste er beispielsweise jede Woche tausendmal auf einen Zettel schreiben, wie nutzlos er war, und mir diesen dann kniend überreichen. Und er durfte nur wichsen, wenn ich es erlaubte. Wenn er seine Hausaufgaben ordnungsgemäß erledigte, gestattete ich ihm, meine Füße zu lecken oder während der Arbeit zu masturbieren, davon verlangte ich dann ein Beweisfoto.

Er wollte auch abnehmen. Also befahl ich ihm, Sport zu treiben. Auch hier musste er Beweisfotos schicken. Und tatsächlich, bis zum Ende des Experiments hat er abgenommen – und nicht wenig. Horny Heinrich brauchte mich als seine Herrin. Und seine devote Ader war stärker als seine Wichssucht. Es war eine seltsame Beziehung zwischen uns. Obwohl er mein Sklave war und er wusste, dass Tina, seine Herrin, nur eine gespielte Rolle war, sorgte er sich um die Person hinter Tina.

Er hat Tinas erfundene Geschichte gelesen. Er kannte die Probleme mit ihren Eltern. Er fragte mich bei jedem Treffen, wie es mir geht, ob ich schon eine Wohnung gefunden habe und ob es noch Stress mit den Eltern gibt. Er wollte mich mit unseren Treffen auch finanziell unterstützen. Es war so, als hätte er so etwas wie Vatergefühle für mich. Er wollte mich behüten und gleichzeitig war ich seine Domina.

Tag 90

BIN ICH EINE PROSTITUIERTE?

Caroline:

Vergnügungspark

Es ist Wochenende. Endlich. Zwei Tage ohne Fetischstress. Obwohl viele unsere Kunden nur am Wochenende Zeit haben, beschlossen Viktor und ich, dass das Wochenende jobfrei bleiben musste. Für uns, für mich, aber vor allem für meinen Freund, der schon stark vernachlässigt wird von mir. Nun steht er neben mir und besorgt mir Zuckerwatte. *Ist er nicht süß?* Süß, unschuldig und ahnungslos. Wenn er wüsste, was seine Freundin fast täglich mit anderen Männern treibt.

Wir schlendern vorbei an Schießbuden, Geisterbahnen. Achterbahnen. Alles dreht sich und bewegt sich. Ähnlich geht es meiner Gefühlswelt. Ein Hin und Her. Einerseits das schlechte Gewissen gegenüber meinem Freund und den Partnerinnen meiner Kunden. Ich fühle mich ein bisschen wie die heimliche Geliebte und kann mich gut in die Partnerin hineinversetztten. Ich würde es auch hassen, wenn mein Partner heimlich jemanden anderen trifft. Mein

Freund würde wohl sofort Schluss machen. Er würde es nicht akzeptieren oder verstehen können. Ich würde wohl ähnlich handeln in seiner Position. Andererseits denke ich wieder an die Kunden. Mit meiner Offenheit und meinen Dienstleistungen helfe ich diesen Menschen. Die Kunden lieben und schätzen mich und meinen Service. Das gibt mir das Gefühl, wichtig zu sein. Außergewöhnlich. Speziell. Ich bin Teil einer geheimen Welt. Ihrer geheimen Welt.

Wir gehen vorbei bei einer Wahrsagerin, die aus den Händen die Zukunft deuten kann. Auch eine Dienstleistung. Eine Dienstleistung, die Menschen Hoffnung gibt und Vergnügen bereitet. Wenn ich vor meinen Kunden mit mir selbst spiele, ist das auch Vergnügen für sie. Aber bin ich mit meinen Diensten nicht zu weit gegangen, habe ich nicht schon zu viele Regeln gebrochen? Unter welchen Begriff fällt mein Job eigentlich? Eine Dienstleistung, klar. Aber was für eine? Ist das, was ich tue, Prostitution? Soweit ich weiß, spricht man von Prostitution bei sexuellen Handlungen gegen Entgelt. Nun. Wenn ein Fetischist meine Füße leckt und dabei nicht seinen Penis masturbiert (was normalerweise auch so abläuft), dann wäre das keine sexuelle Handlung. Wobei, wenn ich mich zu einer Masturbationssession treffe, gibt es zwar keinen Körperkontakt, aber dennoch ist es eine sexuelle Handlung. Aber wäre dann nicht auch eine Peepshow eine Form von Prostitution? Ich schiebe all diese Fragen zur Seite. Ich will nicht daran denken, sondern das Hier und Jetzt genießen. Mit meinem Freund, den ich liebe.

Wir verlassen den Vergnügungspark und steigen ins Taxi. Es ist spät geworden. Diesmal übernehme ich die Rechnung. Den restlichen Abend bezahlte alles mein Freund. Ich würde ja gerne immer die Rechnungen übernehmen. Geld spielt momentan keine Rolle. Aber es wäre zu auffällig. Ich verdiene kaum was in meiner richtigen Arbeit.

Am Anfang des Experiments stresste mich die Situation, Sachen zu tun, die ich normalerweise nicht mache, und die Angst vor Übergriffen. Jetzt stresst mich diese Heimlichtuerei. Das Doppelleben, das ich führen muss. Ich glaube, mein Freund ahnt schon irgendwas. Er wird immer misstrauischer. Kein Wunder bei den Lügen, die ich ihm erzählen muss, wenn ich wieder mal ein Date mit ihm absagen muss wegen eines spontanen Jobs. Ich gaukle ihm vor, dass ich länger in der Arbeit bin oder Freunde treffe oder zum Arzt muss. Das Problem ist, dass er sich – im Gegensatz zu mir – jede Kleinigkeit meiner Geschichten merkt. Ich weiß oft selbst nicht mehr, was ich sagte, wo ich war und was ich tat. Keinesfalls darf er erfahren, dass ich mit Viktor unterwegs bin. Die beiden kennen sich zwar flüchtig, aber leiden können sie sich nicht. Mein Freund weiß, dass ich mit Viktor mal eine Liaison hatte. Das würde die Eifersucht noch größer machen.

Während des Tages fallen mir die Ausreden leichter, da ich offiziell in der Arbeit bin. Aber Jobs am Abend gestalten sich schwieriger, weil er Zeit mit mir verbringen will. Ich muss mir immer eine spezielle Geschichte ausdenken. Ein weiteres Problem ist, dass ich ihn nicht mehr gemeinsam mit meinen Freunden treffen kann, weil die immer als Ausrede herhalten müssen und sie sich sonst verplappern könnten. Auf meinen Computer sowie mein Handy muss ich ebenfalls höllisch aufpassen. Alle Spuren gewissenhaft beseitigen. Sämtliche Facebook-Nachrichten oder SMS mit Viktor werden sofort gelöscht. Mein PC ist passwortgeschützt und mein Handy lasse ich nie alleine. Ich verhalte mich oft verdächtig. Es ist schon alles recht kompliziert.

Mittlerweile sind wir in der Wohnung meines Freundes angekommen. Ich liege im Bett und schmiege mich an ihn. Ich kann nicht schlafen. Ich denke zu viel. Und wenn ich zu denken beginne, bekomme ich diese Gewissensbisse. Ich versuche, die Gefühle zu unterdrücken und rational zu denken. Es ist nur ein Job, ein begrenztes Experiment. Die Hälfte ist geschafft. Also beruhige dich, Caroline. Ich schalte mein Handy auf lautlos, drehe es um, sodass mein Freund mögliche eingehende Nachrichten nicht sehen kann, und versuche zu schlafen. Erst morgen früh werde ich wieder Tina sein.

Tag 90

BIN ICH EIN ZUHÄLTER?

Viktor:

Es ist Sonntagabend und ich sitze mit einem Date auf meiner Couch. Wir sehen uns einen Film an. Die Hollywoodkomödie *Die etwas anderen Cops* mit Will Ferrell und Mark Wahlberg. Plötzlich kommt eine Dialogszene, die ich kaum glauben kann. Haben die mein Leben verfilmt?

Allen Gamble: Es begann ganz harmlos. Ein Mädchen will Jungs daten für Geld. Ich sollte sicherstellen, dass die Dates gut verliefen, sollte nur für Organisation und Schutz sorgen. Sie beteiligte mich. Nach einiger Zeit wollten ihre Freundinnen auch mitmachen. Sie nannten mich Gator. Und bald hatte ich 14 Stuten im Stall, Goldzähne und Pelzmantel.
Terry Hoitz: Also warst du ein Zuhälter!
Allen Gamble: Was! Gott, nein! Hörst du mir überhaupt zu! Das war alles ganz anders …

Wir lachen beide über diesen Dialog, aber ich denke: verdammt! Das könnte ich sein.

Die überspitzte Szene einer Komödie erinnert zu stark an meine Situation. Aber bin ich ein Zuhälter? Ich organisiere Jobs, ich verhandle mit dem Kunden um den Preis für die Dienstleistung, ich sorge für Schutz und Organisation. Mir fehlen nur noch die Goldzähne und Goldketten, aber ansonsten beschreibt mein Aufgabenbereich wohl ziemlich genau einen Zuhälter. Aber für mich ist ein Zuhälter jemand, der neben diesen oben genannten Aufgaben die Frauen ausbeutet und sie zur Prostitution zwingt. Und das ist bei mir und Caroline absolut nicht der Fall. Wir sind Partner, Freunde, Abenteurer.

Ich erinnere mich noch gut, als ich Caroline vor vier Jahren kennenlernte. Es war in den USA, ein Sommerjob. Wir arbeiteten drei

Monate lang illegal neben Mexikanern in einer Bäckerei. *Carinthia Bakery* hieß sie, betrieben von einem Österreicher, der ausgewandert ist, um in Amerika sein Glück zu versuchen. Er hat sich darauf spezialisiert, »einheimisches« Brot auf Bauernmärkten zu verkaufen. Wir kamen viel herum, denn unsere Aufgabe war es, eben auf diesen Marktplätzen Brot zu verkaufen. Es gab mehrere Verkaufsteams und viele verschiedene Verkaufsstände verteilt im ganzen Staat Georgia. Auch andere Studenten aus verschiedenen Ländern waren hier.

Doch keines der anderen Teams konnte uns das Wasser reichen. Wir knackten jeden Verkaufsrekord in Windeseile. Anstatt wie die anderen Teams nur hinter dem Ladentisch zu stehen und zu warten, dass sich Kundschaft zu ihnen verirrte, starteten wir in Eigeninitiative Marketingmaßnahmen. Wir engagierten Nachbarskinder, die Flyer auf den Märkten verteilten. Malten große Schilder mit witzigen Sprüchen. Verschenkten Kostproben vom frisch gebackenen Brot. Wir waren richtige Marktschreier. Jeder Passant musste ein Stück Brot kosten. Und unser Humor kam bei den Amerikanern gut an.

In diesen Tagen merkten wir, dass wir ganz ähnlich tickten. Wir wollten immer die Besten sein und pushten uns gegenseitig. Wer schaffte es, mehr Brot am Tag zu verkaufen? Wer knackte den nächsten Rekord? Während die anderen Teams über die langweilige, eintönige Arbeit jammerten, hatten wir einen Riesenspaß. Das gegenseitige Herausfordern war für uns wie ein Spiel und so wurden wir zum unschlagbaren Team. Dieses Feuer haben wir jetzt wieder. Noch mehr Höschen, noch mehr Jobs, noch mehr Geschichten. Wir gehen ans Limit …

Der Film ist aus und mein Date und ich beschließen, noch Freunde zu treffen, um den Sonntagabend mit Cocktails ausklingen zu lassen. Warum auch nicht? Das Business läuft gut, der Stapel an Rechnungen ist verschwunden und es bleibt sogar noch was übrig. Die Tage des durchs Leben Schnorrens sind vorbei. Ja. Das alte Georgia-Feeling war definitiv wieder da. Das Reiz, jede Woche einen neuen Rekord einzufahren. Immer mehr und mehr Jobs zu machen. Sich immer wieder zu übertrumpfen. Und so kam es, dass meine Geldbörse immer voll war. Nie ging ich mit weniger als 300 Euro außer Haus. Taschengeld sozusagen. Ich fühle mich wie Krösus.

Wir erreichen die Cocktailbar, meine Freunde sind schon da. Ich schmeiße eine Runde, obwohl keine Happy Hour ist. Meine Freunde wundern sich. »Ich habe im Lotto gewonnen und Glück soll man teilen«, lüge ich. Es macht Spaß, großzügig zu sein, wenn man es sich leisten kann. Auch Dates mit Frauen liefen super. Mit einer dicken Brieftasche hat man sofort ein gesteigertes Selbstwertgefühl. Man fühlt sich wie ein erfolgreicher Manager, der alles im Griff hat. Nur bei der Frage, was ich beruflich mache, komme ich ins Stottern. Was hätte ich auch sagen sollen? Ich bin im Sklavenmanagement tätig? Ich organisiere Fetischtreffen? Macht, denke ich, nicht so den besten Eindruck.

Die Stimmung in der Bar wird ausgelassener. Ich spendiere eine erneute Runde. »Auf das Leben und das Glück«, schreie ich schon etwas betrunken durchs Lokal. Ein Handy wird herumgereicht. Ich weiß nicht, warum, aber irgendwie kommt die Gruppe auf das Thema Fetisch. Sie zeigen sich gegenseitig ein gehyptes Video mit »Pissspielen«, das derzeit im Internet seine Kreise zieht. »Alles Fake« ist die einhellige Meinung. Keiner macht sowas freiwillig. Wie die üblichen Pornos. Alles gestellt und übertrieben. »Wer trinkt schon Pisse?« Ich höre gespannt zu und äußere mich nicht, obwohl es mir auf den Lippen brennt, Licht in dieses Dunkel zu bringen. *Die haben ja alle keine Ahnung. Ich könnte euch Geschichten erzählen, was ich da für Anfragen hab. ...*

Stattdessen zücke ich mein Handy und checke die Businessmails. Ein gewisser »Dr. Watson« schreibt. Der Fetischmann mit Niveau, wie er sich selbst beschreibt. Das war bereits seine zweite Anfrage – schon vor ein paar Wochen wollte er sich für eine spezielle Session treffen, doch weil Caroline krank war, wurde nichts draus. Wir vereinbaren ein Treffen an der üblichen Stelle für den nächsten Tag.

Tag 91

DR. WATSON, DER PONYMANN

Caroline:

Bahnhof

Ein neuer Tag, ein neuer Fetisch. Hallo Zeitungsverkäufer, hallo Bahnhofshalle, hallo »normale« Welt! Ich warte auf den Mann mit Niveau, Dr. Watson. Muss wohl ein Krimifan sein.

Während ich versuche, Dr. Watson in der Menge der vorbeitrottenden Passanten auszumachen, steht plötzlich eine hübsche, gut gekleidete Frau vor mir.

»Bist du Tina?« – Mein Herz beginnt zu rasen. Was passiert hier!?

Tausend Gedanken schießen mir durch den Kopf: Undercoverpolizistin, Konkurrenz, Steuerfahndung ... Ehefrau?!

Ich höre mich selbst mit Ja antworten, verdamme mich und erwarte klickende Handschellen oder zumindest eine Ohrfeige. Doch nichts von alledem passiert.

»Ich bin Dr. Watson. Wir müssen reden.«

Zehn Minuten später sitzen wir in einem Café. Frau Dr. Watson will mich kennenlernen und mehr herausfinden über den Fetisch ihres Mannes. Sie fand Tinas E-Mail-Verkehr mit ihrem Mann und gab sich als Dr. Watson aus. Ich spüre, dass diese Frau etwas zu erzählen hat. Eine Geschichte, die sie viel zu lange für sich behalten hatte. So lasse ich meine Maske fallen und gestehe ihr, ein Buch über Fetisch zu schreiben, und frage sie, ob ich ihre Geschichte aufzeichnen dürfte. Sie nickt stumm. Es scheint ihr völlig egal zu sein. Sie wirkt angespannt, als ob diese Geschichte unbedingt aus ihr herausmuss. Ihr Mann ist im richtigen Leben ein frischgebackener Architekt und kommt aus einer sehr reichen, angesehenen Familie. Doch lassen wir Frau Dr. Watson selbst erzählen:

Frau Dr. Watson:

Kaffeehaus

Paul ist ein stattlicher Mann, groß gewachsen, durchtrainiert, selbstbewusst und überdurchschnittlich intelligent. Ein Mann mit Respekt und Manieren, wortgewandt und eloquent. Obwohl er erfolgreich und angesehen in seinem Beruf war, hatte er immer Angst, mir nicht genug bieten zu können. Er war noch nicht einmal 30, dennoch verhielt er sich wie ein echter Gentleman, das war ich von Männern in seinem Alter nicht gewohnt. Das hat mir damals sehr gefallen und ich habe mich Hals über Kopf in ihn verliebt. Wir haben dann auch recht schnell geheiratet.

Als ich frisch mit ihm zusammen war, merkte ich recht schnell, dass er sexuell nicht der Hit war. Sex lief immer so 08/15-mäßig ab und ich war gezwungen, Schwung in die Sache zu bringen. Ich war diejenige, die den Ton angab. Ich war die dominante, und das bin ich eigentlich gar nicht. Doch er war dermaßen passiv, dass er mich in diese Rolle hineinzwang. Im Laufe unserer Beziehung wurde das Sexleben immer lahmer. Er kam immer recht schnell und hatte auch immer weniger Lust auf Sex.

Er war sehr sanft, sehr zärtlich. Immer wollte er mit mir kuscheln, den ganzen Tag, die ganze Nacht. Ich bin ja auch eine Kuschelmaus, aber das war selbst mir zu viel. Er hat mir die Luft zum Atmen genommen. Er hat mich so genötigt zum Kuscheln, dass ich ihn wegstoßen musste, weil ich keine Luft mehr bekommen habe. Am Anfang hat mir das noch sehr gefallen, weil ich selbst zu dieser Zeit ein traumatisches Ereignis verarbeiten musste. Doch es war dann irgendwann grenzüberschreitend kuschelig. Nach einem Jahr Ehe kannte ich ihn besser und mir wurde bewusst, woher dieses extreme Kuschelbedürfnis kam.

Er wurde als Kind von den Eltern immer auf Leistung getrimmt. Leistung und Etikette. Kultur und strenge Erziehung, Musikausbildung, Leistungssport und daneben natürlich Top-Schulleistungen. Das war das Programm, das er abliefern musste. Als 6-Jähriger wurde er schon in ein Haubenlokal mitgeschleppt, um zu lernen, wie man richtig isst.

Er hat seine Kindheit als sehr steril und ohne Wärme beschrieben und er hat sich zu Hause nie wohl gefühlt. Deshalb war er so verrückt nach mir, weil er von mir dieser Herzlichkeit bekommen

hat. Er wollte als Kind immer bei den Eltern im Bett schlafen. Doch seine Mutter hat gesagt, er darf erst bei ihr schlafen, wenn er die ersten Brusthaare hat. Auch sein Vater hat ihn immer abgewiesen. Ich habe ein Video gesehen, in dem er zwei Jahre alt ist und versucht hat, seinen Vater zu küssen. Doch der Vater hat ihn weggedrückt und gesagt: »Männer küssen sich nicht.«
Unser Sexleben war dann irgendwann mal nur mehr ein Trauerspiel. Wir hatten kaum noch Sex und wenn, ist er bereits nach wenigen Sekunden gekommen. Das war mir natürlich einfach zu kurz und er hat sich dann immer entschuldigt, dass es besser wird. Wir müssten einfach mehr Sex haben, meinte er. Es ging so weit, dass ich ihm spezielle Kondome untergejubelt habe, die die Ejakulation hinauszögern sollten. Doch das half auch nichts. Was ihn aber so richtig angeturnt hat, war, wenn ich seine teuer gekauften Seidenbademäntel trug oder geschmeidige Nachthemdchen. Das liebte er. Ich erinnere mich, dass er sich oft beschwerte, wenn ich lieber Wollsocken oder Baumwollshirts trug; das tat ich aus pragmatischen Gründen. Im Winter ist es schließlich kalt.
Der nichtvorhandene Sex wurde immer mehr zum Thema. Er tat dann auch immer so geheimnisvoll, dass es da noch viel mehr gäbe, sexuell. Und dass es nicht so ist, wie ich glaube. Wenn ich nur wüsste. Das machte mich natürlich neugierig, ich war jung und wollte auch vieles probieren. War überhaupt offen für neue Sachen.
Eines Tages wollte er mich überraschen. Er zog sich aus und stand vor mir mit einem extrem engen Latexslip. Ich musste mir das Lachen verkneifen. Das sah einfach nur unmännlich aus. Ich war so verliebt, dass ich nicht glauben konnte, dass dieser Mann, der so toll war, so hübsch, so gescheit, dass ihm das ernsthaft gefallen könnte. Ich war damals total naiv und habe mir nichts dabei gedacht. Als wir uns schon ein Jahr kannten, zeigte er mir zum ersten Mal seine Sexsammlung. Da war alles Mögliche dabei. Peitschen, Lederzeug, enge Latexhosen, Masken und Knebelzeug, wie z. B. eine Kugel für den Mund. Seine Exfreundin hätte das aufregend gefunden. Das betonte er immer wieder.
Es war ein riesiges Sortiment. Ich denke, er wollte sehen, wie ich darauf reagiere, und durch meine offene Art vermittelte ich ihm

wohl das Gefühl, dass mir das alles gefallen würde. Kurze Zeit später probierte er etwas Neues. Ich sollte eine ganze Ledermontur anziehen. Überall hingen Ketten herunter, um Füße und Hände anzubinden. Dazu eine lange Kette vom Hals weg, man fühlt sich fast wie ein Hund. Das Gefesseltsein fand ich spannend und es sah auch ästhetisch schön aus. Ist ja nett, so was mal gesehen und probiert zu haben, aber es war definitiv nicht mein Ding. Zu umständlich die Prozedur des Anziehens und diese vielen Ketten. Man fühlt sich eingeengt. Doch dann fragte er mich, ob ich ihn mal mit dem ganzen Zeug anketten und ihn auch schlagen könnte. Ich war irritiert, dass passte alles nicht zu diesem groß gewachsenen, durchtrainierten, erfolgreichen Architekten, der sein Leben voll im Griff hatte. Diese devote Rolle war ich nicht gewohnt. Aber ich bin ja neugierig – probieren kann man alles. Es machte ihm sichtlich Spaß, gedemütigt zu werden. Gleichzeitig muss er aber gemerkt haben, dass es nicht meine Sache ist.
Irgendwann mal hat er aufgehört, in diese Richtung gehend etwas zu sagen oder zu machen, weil er gemerkt hat, dass ich kein Interesse habe. Er hat es zwar immer wieder mit Kleinigkeiten angedeutet, aber es gab keine Response von mir. Und somit hat er das für sich behalten. Ich wusste damals noch nicht, dass er einen Fetisch hat und welche Bedeutung der in seinem Leben einnimmt. Vielleicht wusste er es selbst noch nicht. Rückblickend fällt mir nur auf, dass er in den Jahren immer devoter wurde.
Nach diesem Erlebnis mit seiner Sexsammlung betrachtete ich ihn auch mit anderen Augen und einige Sachen fielen mir erst jetzt auf. Neben seinem Kuschelbedürfnis war er auch total emotional. Irgendwie weibisch. Ich war immer in der männlichen Rolle. Ich war sachlich und unemotional. Und er war emotional und weinerlich. Er wollte alles ausdiskutieren. Das ewige Diskutieren war echt mühsam. Wenn es mal zu einem Streit kam, hat er nie geschrien. Er hat zwar seine Stimme erhoben, die war aber nie laut, sondern gepresst. Wenn er arg wütend und aggressiv war, dann hat seine Unterlippe gezuckt, da hat man gewusst, oje, jetzt ist Feuer am Dach. Er hat als Kind nie seine Aggressionen rauslassen können und dürfen. Das wurde

von seinen Eltern, vor allem seiner Mutter, unterdrückt. Diese Streitereien dauerten oft Stunden. Ich wollte einfach, dass einmal Ruhe ist. Meist bin ich dann einfach gegangen. Wäre ich ein Mann gewesen, wäre ich wohl in einer Bar verschwunden, hätte mich besoffen und über die »Alte« gelästert. Ich machte nur lange Spaziergänge. Als ich dann spät nachts nach Hause gekommen bin, ist er weinerlich in der Badewanne gelegen und hat gehofft, dass ich nachkomme.
Eines Abend wollte ich mit ihm gemeinsam einen Film ansehen. Wir saßen im Bett eng beieinander und auf meinem Schoß lag sein iPad. Ich wollte auf YouTube etwas eingeben und plötzlich erhaschte ich einen Blick auf den Verlauf. Ich sah Titel wie: »Riding like a Pony«, »Latexhorse« und andere komische Cliptitel. Als er bemerkte, dass der Verlauf erschien, riss er mir sofort das iPad aus der Hand. Sein Herz klopfte wild und seine Hände waren schweißnass.
Normalerweise nehme ich mir kein Blatt vor den Mund und spreche die Dinge sofort an. Ich hasse es, wenn etwas unausgesprochen bleibt, das macht mich unrund und nervös. Klären, lösen und darüber reden ist meine Devise. Aber hier habe ich gespürt, dass ist was Ernstes und ich muss aufpassen. Also hab ich so getan, als wäre nichts, also ob ich gar nichts gesehen hätte. Ich musste richtig schauspielern. Wir haben dann einen Film geguckt und sind schlafen gegangen. Doch ich bin die ganze Nacht schlaflos im Bett gelegen. Ich habe geglaubt zu wissen, wer er ist, schließlich waren wir lange genug zusammen. Ich habe die letzten Jahre durchdacht und plötzlich hat alles irgendwie Sinn gemacht. Alle Puzzleteile fügten sich nun aneinander.
In der Früh, er stand gerade in der Dusche, habe ich mit Herzklopfen sein iPad genommen, um den Verlauf nochmals zu sehen. Titel wie »Ponybabes go to the park« oder »Kinky Ponygirl« prägten sich in mein Hirn. Dann hab ich sein iPhone genommen, um dort den Videoverlauf zu checken – wir hatten ja keine Geheimnisse voreinander und kannten auch alle Passwörter. Dort war es das Gleiche. Mehr komische Latexpferdevideos. Da wusste ich, ok da stimmt was nicht. Ich ging duschen und in diesem Moment wurde mir klar: Ich kann mit diesem Mann nicht mehr länger zusammen sein. Ich bin zum ersten

Mal unsere Trennung durchgegangen. Ich habe mich verraten und betrogen gefühlt, aber das Schlimmste war, dass ich jeglichen Respekt vor ihm verloren hatte. Dann bin ich in die Arbeit gefahren und habe begonnen zu recherchieren, was es mit diesen Videos auf sich hat.

Diese Filmchen waren einfach total langweilig. Minutenlang, gefühlte Stunden, kleidet eine Frau in einem Schloss eine andere Frau in ein Latexponykostüm. Ein Pferdekopf mit Latexohren, komischen Schuhen, richtige Hufe, Geschirr im Gesicht – sogar mit Zügeln. Dieses Video würde ich mir nicht einmal zum Spaß ansehen, geschweige denn in einer sexuellen Art. Es war unfassbar langweilig, nicht einmal erheiternd. Als sie fertig angezogen war, ging es darum, dass die eine Frau das »Pony« streichelt, man hörte das Geräusch des Streichelns über das Latex. Das ging ewig lange so, sonst ist nichts passiert. Und dann hat die Frau das Pferd durch das Schloss geführt, bis sie zur Latexkönigin gekommen ist. Es wurde nichts gesprochen, es war wie ein Stummfilm. Außer das Klappern der Hufgeräusche durch die Schlosshalle. Die Latexkönigin war natürlich auch vollkommen in Latex eingekleidet. Sie hat auch das Pferd gestreichelt. Das Pferd hat sich aufgestellt, hat gewiehert, irgendwann musste ich weinen, habe das Video vorgespult, aber es war immer dasselbe. Und ich habe mir gedacht: Was andere Menschen machen, welche Vorlieben die haben, ist mir alles egal. Aber ich war drei Jahre mit diesem Mann verheiratet und nun komme ich auf so was drauf. Ich will nicht, dass mein Mann, mit dem ich so lange zusammen bin, sich an so was aufgeilt und sich zu Latexponyvideos einen runterholt. Ich will nicht, dass mein Partner solche Vorlieben hat, ich kann damit nicht umgehen, ich kann das nicht verstehen, es ist so absurd. Ich bin aufgeschlossen und mache auch viele Sachen mit, aber das ist ganz klar nicht meine Welt. Ich war fix und fertig, am Boden zerstört und habe mich verraten gefühlt. Ich musste ihn nun darauf ansprechen. Ich wollte endlich die Wahrheit wissen.

Zuerst versuchte er, alles runterzuspielen. Ja, er hat mal ein wenig gesucht in diese Richtung. Es war reine Neugier, so etwas braucht er aber nicht und ist überhaupt kein Thema. Alles, was ich gesehen hätte, gefällt ihm auch nicht, aber er ist auf der

Suche nach etwas Speziellem, aber er hat es noch nicht gefunden. Es interessieren ihn Materialien, das Glatte fasziniert ihn. Deshalb hat er auf diesen Seiten herumgesucht. Aber es musste immer ästhetisch sein, das hat er tausendmal betont. Ich habe im Laufe des Gesprächs alle möglichen Gefühlslagen durchgemacht. Ich wollte wissen, ob es ein Schlüsselerlebnis gab, dass er so eine Faszination für Materialien hat. Dann erzählte er mir aus seiner Kindheit …
Als Kind hatte er zum Geburtstag ein Trampolin geschenkt bekommen. Dieses Trampolin hat er geliebt und immer, wenn er sich einsam gefühlt hat, ist er in den Garten verschwunden zu seinem Trampolin. An dessen Rand war so ein Gummiüberzug als Schutz. Er hat bemerkt, wenn er mit seinen Füßchen den Rand berührt, barfuß, dass er dabei angenehme Gefühle hat. Und so hat er sich, wenn es ihm nicht gut gegangen ist, aufs Trampolin gelegt und mit seinen Füßen den Gummi gestreichelt. Es war für ihn beruhigend und ein Gefühl der Geborgenheit. Ich wurde so zornig auf die Eltern. Sie waren der Grund für seinen Fetisch, den er nun hatte und mit dem ich nicht leben konnte.

Zwei Stunden waren vergangen, fassungslos habe ich Fr. Dr. Watson gelauscht. Sie wirkt erleichtert, als ob eine große Last von ihr gefallen sei. Sie konnte sich noch niemals mit jemandem über dieses Thema austauschen. Ich erzähle ihr von meinen Erfahrungen und sie ist froh, dass sie nicht alleine ist mit ihrem Fetischmann. Sie bedankt sich fürs Zuhören und verabschiedet sich.

Tag 92

GEDANKEN

Viktor:
Ich bin auf dem Weg zur jährlichen Zahnarztkontrolle. Im meinem Kopf schwirren immer noch Gedanken über diesen Vorfall

mit Frau Dr. Watson. Diese Geschichte war der Hammer. Wir hatten Glück auf mehreren Ebenen. Frau Dr. Watson hätte uns auch eine Szene machen können, aber sie wollte einfach nur reden. Sie wirkte erleichtert, das hörte ich auch an ihrem Tonfall, als ich mir die Aufnahmen anhörte. Aber sie klang auch traurig. Sie tat mir irrsinnig leid. Aber mit ihrem Ehemann Dr. Watson hatte ich Mitgefühl. Er war ein Opfer seiner kalten, emotionslosen Eltern. Bisher waren unsere Erlebnisse mit Fetischen sehr einseitig. Wir lernten nur die Männer kennen, die ihren Fetisch mit Tina auslebten, nicht aber deren Partnerinnen. Ihre Perspektive kennenzulernen war spannend und sehr aufschlussreich. Da glaubt man, einen Menschen in- und auswendig zu kennen, und dann passiert so was. Natürlich hätte Dr. Watson viel früher mit seinem Fetisch rausrücken sollen, aber vielleicht wusste er es selbst noch nicht oder wollte es nicht wahrhaben. Von außen betrachtet ist es immer leicht, zu urteilen.

Ich sitze in der U-Bahn und betrachte die Menschen, die mir gegenübersitzen. Jeder von ihnen könnte ein Fetischist sein. In diesen Tagen bilde ich mir ein, sie überall zu sehen. Im Supermarkt, beim Fußballspielen oder in der U-Bahn. Aber das nennt man wohl subjektive Wahrnehmung.

Ich betrete die Ordination. Der typische Geruch schlägt mir entgegen. Ein Geruch, den scheinbar alle Arztpraxen haben. Es riecht übertrieben sauber. Nach zehn Minuten Wartezeit bin ich schon dran. Bei ihm muss man nie lange warten. Er hat wenige Patienten, obwohl er fachlich top ist. Ich komme gern zu ihm. Nicht, weil ich es so toll finde, wenn jemand in meinem Mund herumstochert, aber ich liebe seinen Humor. »Uh, jetzt habe ich danebengebohrt, holt einen Priester, der Patient verliert zu viel Blut!« Extrem trockener Humor. Finde ich super. Aber auf viele wirkt er unfreundlich und ruppig. Kann ich auch verstehen.

Nun sitze ich auf diesem Zahnarztstuhl. Vor mir eine Ablage mit allerlei Instrumenten und Werkzeugen. Der Raum ist komplett in Weiß gehalten. Wie auch die anwesenden Personen, mein cooler Zahnarzt und die Assistentinnen. Ja, es war ein richtiger »White Room«. So nennt man nachgebaute Arztkliniken (Räume) für Doktorfetische. Ein Kunde schrieb mir erst gestern eine Anfrage, ob wir auch Kliniksex anbieten. Ein ganz eigener Fetisch.

Diese Menschen genießen die Atmosphäre von Kliniken und alles, was mit Ärzten zu tun hat. In diesen Tagen hat für mich alles etwas mit Fetisch zu tun. Mein cooler Zahnarzt blendet mich mit diesem unangenehmen grellen Licht, damit er meine Zähne besser sehen kann. Ich sehe ihn an und frage mich, ob er wohl auch einer ist.

Einer, der es gerne mag, Frauenfüße zu lecken, oder eine devote Ader hat oder darauf steht, dass auf ihm getrampelt wird. Es wäre mir völlig egal. Für mich wäre er immer noch der coolste Zahnarzt der Welt, der eine eigene Fernsehsendung verdient hätte. Fetischisten sind Menschen wie du und ich. Manche sind sympathisch, andere sind Arschlöcher. Aber er ist ja nur mein Zahnarzt. Fetisch in einer Partnerschaft ist ein ganz eigenes Thema.

Caroline:

Ich habe mich richtig schlecht gefühlt gegenüber Frau Dr. Watson. Ich fühlte mich betroffen, da ich Teil des Problems war. Das kann ich zwar nicht ändern, aber ich beschließe, von nun an jeden neuen Kunden zu fragen, ob er seiner Partnerin von seinem Fetisch erzählt hat und wie das gelaufen ist.

Ich wunderte mich, wie ruhig sie geblieben war. Ich an ihrer Stelle wäre wütend gewesen. Aber ich konnte Dr. Watson auch verstehen. Es ist schwierig, so ein Geheimnis zu offenbaren. Ich bin auch nicht viel besser als er. Auch ich habe ein Geheimnis gegenüber meinem Freund. Auch ich habe beschlossen, nichts zu sagen. Aber Ehrlichkeit kann auch viel zerstören.

Sicher ist, seine Eltern hatten maßgeblichen Einfluss auf die Entwicklung seines Fetischs. Ein derartig extremer Liebesentzug kann nicht gut sein für ein Kind. Aber ich bin keine Psychologin. Wäre interessant, was die dazu sagen würde. Die Kindheit prägt uns alle. Auch mich.

Von 14 bis 17 war ich in einem katholischen Mädcheninternat. Ein sehr strenges Internat.

Mein Vater hat mich dorthin geschickt. Für mich war das als Teenager die Höchststrafe, die er mir geben konnte. Ich war mir nie sicher, warum er mir das antat, aber ich vermute, es war wohl, weil er mich beim Küssen mit einem Burschen erwischt hatte. Es war mein erster Kuss. Meine Eltern mahnten mich immer, dass ich zu jung wäre für einen Freund. Dabei war das nur ein Kuss gewesen und nicht mehr. Sie wollten nicht, dass ich mich für Jungs interessiere. Sie dachten, ein Kuss führt sofort zu Sex und endet mit Schwangerschaft. Dabei wusste ich sehr wohl, wie das alles so funktioniert. Wie man ein Kondom benutzt. Zumindest auf einer Gurke. Diese Information hat meinen Vater aber nicht beruhigt. Meine Eltern waren sehr katholisch und das Internat war wohl ihre letzte Chance, aus Crazy Caroline eine anständige Katholikin zu machen.

Ich erinnere mich noch gut an die erste Nacht dort. Sie steckten mich in ein Zimmer mit fünf anderen Mädchen. Die waren alle älter und auch reifer als ich und sie kannten sich schon länger. Ich war die Neue. Ich hatte Angst. Wie es nun mal so ist, wenn man die Neue ist. Ich ging so schnell wie möglich ins Bett und hab so getan, als würde ich sofort schlafen. Aber diese Mädchen hatten nicht vor zu schlafen. Nachdem die Nonne das Licht ausgemacht hatte, fing es an. Wie wild tanzten sie auf dem Tisch, küssten sich und berührten sich mehr, als es gute Freundinnen tun. Ich dachte, ich bin im falschen Film. Meine Eltern wollten, dass ich eine anständige katholische Frau werde, die nur Sex in der Ehe hat, und jetzt bin ich in einem Raum mit fünf anderen Mädchen, die völlig verrückt waren. Sie waren sexuell irrsinnig angespannt.

Am nächsten Morgen, und überhaupt jeden Morgen, hieß es putzen, dann beten, dann frühstücken, dann wieder putzen. Und erst dann begann der eigentliche Schulunterricht. Ich war drei Jahre dort förmlich eingesperrt. Besuche von Burschen waren strengstens untersagt. In der Schulklasse hatten wir auch keine. Und ich konnte kaum auf Parties gehen, denn um 21:00 Uhr hieß es Nachtruhe.

Diese Schule lehrte mich Disziplin. Sie hat mich sehr gut vorbereitet auf den Ernst des Lebens, aber mein Privatleben, mein Sexleben war als Teenager komplett unterdrückt.

Ich weiß, diese Geschichte klingt wie eine Männerfantasie oder eine Episode aus dem Schulmädchenreport. Aber es war damals wirklich so. Auch Viktor hörte gespannt zu und konnte kaum glauben, was ich ihm berichtete.

Tag 120

DAS FLÜSSIGE GOLD

Viktor:
120 Tage sind geschafft. Unsere 120 Tage von Sodom. Im Laufe des letzten Monats hat sich viel verändert … Ich stehe vor dem Sektregal eines Spirituosenfachgeschäfts und greife nach einer Flasche Dom Pérignon. Ich habe noch nie in meinem Leben Champagner gekauft. Wie denn auch? Bei ca. 150 Euro pro Flasche. Aber das spielt jetzt keine Rolle. Diese Flasche spendiere ich Caroline und mir. Wir haben etwas zu feiern.

Sind Sie auch ein Sekt- oder Champagnerliebhaber? Wenn ja, denken Sie daran, was Sie am meisten an diesem exquisiten Getränk schätzen. Und nun stellen Sie sich Folgendes vor: in Ihren Händen eine wohlgeformte vorgekühlte Sektflöte Ihres Lieblingsschaumweins. Der Anblick: eine feine zartgelbe Färbung. Der Duft: eine Komposition aus frischen floralen, feinduftigen Aromen, die ihre Nase wohlwollend aufnimmt. Und nun der erste Schluck. Das kalte Prickeln der Luftbläschen auf Ihrer Zunge. Der herrliche edle Geschmack dieser königlichen Flüssigkeit tanzt auf Ihren Geschmacksknospen. Das gesamte Sensorium ist sich einig: Besser geht's nicht! Ist das nicht eine herrliche Vorstellung? Und nun denken Sie daran, dass der Inhalt der Sektflöte nicht kalt ist, sondern warm und aus einem Frauenkörper stammt und dennoch die gleichen Qualitätsmerkmale für manche Menschen aufweist. Stellen Sie sich vor, welchen Genuss Natursektliebhaber empfinden, wenn Sie den goldenen Saft genießen. Und viele haben Tinas Sekt gekostet, zu einem nicht geringen Preis. Wenn ich mir ausrechne, was unsere Kunden für ein bisschen Urin bezahlt haben, kommt man leicht auf denselben Preis der teuersten Champagnerflaschen. 150 Euro aufwärts kostete eine Natursektdusche bei Tina. Für 150 Euro bekommen Sie bereits eine sehr exquisite Flasche Champagner bei weit mehr Inhalt! Einer dieser Natursekt-Connaisseurs ist »Mondschein_42«. Morgen ist es wieder so weit.

Tag 121

MONDSCHEINZEIT

Caroline:

Es ist 08:00 Uhr morgens. Viktors SMS erreichte mich gestern Abend kurz vorm Einschlafen. Ein Notfall, wie er schrieb, und 50 Euro extra zusätzlich zum ausgemachten Stammkundentarif, wenn ich spontan Zeit hätte. Es ist wieder mal »Mondscheinzeit«! Mondschein_42 hat einen sehr verantwortungsvollen Job in einer großen Firma im Finanzsektor. Seine täglichen Entscheidungen betreffen Tausende Menschen. Er hat ein wichtiges Businessmeeting mit vielen Bossen von anderen Kontinenten. Es geht um viel Geld und viele Jobs, die entweder gewonnen oder verloren werden. Er steht enorm unter Druck. Er braucht dringend eine Behandlung, um klar denken zu können. Tinas Urin beeinflusst maßgeblich die Wirtschaftswelt. Verrückt, nicht wahr?

Ich warte vor dem Lusthaus auf meinen Kunden (er kennt mittlerweile den Weg) und denke über meine Handlungen der nächsten Stunde nach und wie vergleichsweise »harmlos« das Verhältnis mit Mondschein_42 begann. Vor einem Monat hatte ich das erste Treffen mit ihm. Es war komisch. Es war sein erstes Mal! Damit meine ich, es war das erste Mal, dass er von jemandem angepisst wurde. Er erzählte mir, dass er schon als junger Mann wusste, dass es ihm gefallen würde. Die Vorstellung, dass eine Frau auf einen Mann uriniert, hatte ihn immer schon erregt. Er suchte immer nach natursekt-pornografischem Material im Internet, und nun wollte er es selbst probieren.

Beim ersten Treffen zog er sich sofort aus, legte sich auf den Boden und wartete auf meine Instruktionen. Ich zog mein Höschen unter dem Rock aus, hockte mich über sein Gesicht und fragte ihn, ob er das wirklich will. Die üblichen Rollen waren irgendwie vertauscht. Ich fühlte mich wie ein Mann, der ein unerfahrenes Mädchen fragt, ob sie sicher ist, Sex haben zu wollen. Seine Unsicherheit hat mir damals extrem geholfen, mein Schamgefühl zu überwinden und meine Blase zu lösen. Ich fühlte mich sicherer und entspannter bei dem, was ich tat, schließlich hatte er keine Vergleichsmöglichkeit. Ich hatte damals auch noch nicht viel Erfahrung auf diesem Gebiet und so entdeckten wir diese Welt der Natursektspiele gemeinsam.

Zurück ins Heute. Wir haben uns beide weiterentwickelt. Sehr sogar. Mondschein_42 kommt mir entgegen und hat wie immer gute Laune und ist neugierig, was ich heute mit ihm anstellen werde.

Er ist einer, der immer etwas Neues erleben will – seine Grenzen jedes Mal neu ausloten. Ich versuche es mit kleinen Änderungen, die für mich akzeptabel sind, dennoch besteht die Möglichkeit, dass er sich eines Tages eine andere Tina suchen muss, wenn ich seinen Anforderungen nicht mehr entsprechen kann und ich zu viele Gebote brechen muss.

Wir betreten den Lustraum. Er zieht sich aus und legt sich auf den vorbereiteten Laken. Dann blickt er mich an. Seine Augen haben dieses gewisse Leuchten. Er hat gerade realisiert, dass ich unter meinem Rock keine Unterwäsche trage. Ich stehe über ihm, die perfekte Aussicht auf meine Muschi. Meine Blase ist zum Bersten voll. Ich frage ihn, ob er bereit ist, einen kleinen Vorgeschmack zu erhalten. Mit einem zufriedenen Lächeln öffnet er seinen Mund und zeigt mir so, dass er bereit ist, davon zu kosten. Kontrolliert lasse ich meinen Strahl in seinen Mund laufen. Nicht zu stark, sodass er genug Zeit hat, alles zu schlucken. Er genießt es. Zu seiner Überraschung greife ich nach einem Sektglas, das Viktor aufs Fensterbrett gestellt hat. Eine dieser kleinen Überraschungen, die das Spiel für ihn noch interessanter machen. Er sieht mich perplex an, sagt aber nichts.

Als sich die Sektflöte langsam mit meinem Urin füllt, sieht Mondschein_42 etwas enttäuscht aus. Für ihn ist es die größte Wonne, den »Sekt« direkt von der Quelle zu genießen. Doch er weiß noch nicht, was ich mir dabei gedacht habe. Mit dem Wissen von seinem Fuß- und Natursekt-Fetisch kombiniere ich diese beiden Fantasien für ihn. Und so lasse ich meinen Harn über meine Füße laufen, damit er über meine Zehen in seinen Mund fließen kann. Seine Freude zeigt sich sofort. Während er gierig meinen Urin von meinen Zehen empfängt, masturbiert er wie ein Wahnsinniger. Nachdem das Glas geleert ist, hocke ich mich erneut über ihn, um den Rest meiner Blase zu leeren.

Das ist eines dieser verborgenen »Talente«, die ich in den letzten Wochen an mir selbst entdeckt habe. Ich kann meinen Strahl extrem gut steuern und ich habe mittlerweile kein Problem, meinen Harnfluss zu stoppen und wieder laufen zu lassen. Wer hätte gedacht, dass diese Fertigkeit mal nützlich sein könnte, um Geld zu verdienen? Ich kann von mir selbst mittlerweile behaupten, eine professionelle »Pinkellady« zu sein. Ich kenne die Kniffe und Tricks für eine perfekte Natursekt-Performance:

- Die Blase nie auf einmal komplett entleeren.
- Halte deinen Urinstrahl gerade und pass auf die Augen deines Kunden auf. Urin ins Auge zu bekommen, ist wahrlich kein Spaß. (Es ist mir manchmal passiert, dass ich ihnen ins Auge gepinkelt habe, weil sie nicht schnell getrunken haben.)
- Passe deinen Urinstrahl an sein Schluckvolumen an. Überfülle seinen Mund nicht mit deinem »goldenen Saft«.
- Vergiss nicht, deinen Kunden zu fragen, an welchen Körperstellen er angepisst werden will (die meisten wollen ihn schlucken).
- Und am allerwichtigsten ist: Gib ihm das Gefühl, dass du es ebenso genießt.

Meine Blase ist fast leer und mein Strahl wird schwächer. Doch die Session mit Mondschein_42 ist noch lange nicht vorbei. Seine Bedürfnisse und Fetischträume haben sich weiterentwickelt, so wie meine Fähigkeiten. Ich hole die Gerte hervor …

15 Minuten später. Mondschein_42 ist auf dem Weg zu seinem Meeting. Er wird auf einem großen, bequemen Lederstuhl sitzen, dennoch wird ihm der Hintern weh tun. Doch er ist entspannt und zufrieden und mit Sicherheit wird heute keiner seinen Job verlieren.

Caroline:

Als ich das erste Mal von diesem besonderem Fetisch hörte, war ich irritiert. Ich konnte gar nicht glauben, dass das wirklich real sein konnte. So etwas kann sexuell anregend sein? Ich dachte, die machen sich lustig über uns und die Anfragen waren ein schlechter Scherz. Aber es war kein Scherz. Genauso wenig wie die Überlegung, das wirklich zu tun.

Ich fragte mich, ob ich das können würde. Spielte den Ablauf geistig durch. Ich müsste mich entblößt wenige Zentimeter über einen fremden Mann hocken und Wasser lassen. Nein. Ich wäre mit Sicherheit zu nervös, und dafür muss man entspannt sein. Und meinen Intimbereich wenige Zentimeter vor seinem Gesicht: Ich hätte Angst, er berührt mich, aus Versehen oder aus Geilheit. Ich hatte einige wenige Kunden, die während sie meinen Strahl empfingen in ihrer Aufregung ihren Kopf höher und höher zu meiner Muschi hoben. Ich stieß sie dann mit meiner Hand auf ihrer Stirn zurück und erinnerte sie an die Regeln. Nach meiner Warnung entschuldigten sie sich und tranken weiter. Ich hatte das Gefühl, dass sie sich bewusst wurden, eine eindeutige Grenze beinahe überschritten zu haben. Eine Warnung reichte immer.

Meine erste Natursekt-Session mit Mister Flamingo, die sie bereits kennen, war in Vergleich zu späteren am einfachsten. Relativ gesehen. Ich musste nur über ihm stehen, ihn anpinkeln und wieder gehen – alles wortlos. Aber dennoch war ich extrem nervös. Meine größte Angst war, nicht pinkeln zu können. Das passiert mir auch jetzt teilweise noch, wenn Viktor die Termine zu eng legt und es spontane Änderungen gibt. Dann habe ich oft nur 20 Minuten Zeit, meine Blase zu füllen, und es ist nicht immer möglich, so viel auf einmal zu trinken. Oder der umgekehrte Fall. Die Kunden verspäteten sich massiv. Dann passierte es, dass ich wegen meiner übervollen Blase kaum mehr laufen konnte. Nicht nur einmal schleppte ich mich qualvoll zum Treffpunkt, bei jedem Schritt Angst, mir in die Hose zu machen.

Eine professionelle Natursekt-Dusche braucht eben auch eine professionelle Vorbereitungszeit. Aber Viktor vergaß das oft. Am liebsten wäre ihm, ich könnte auf Befehl urinieren. Das ist der einzige Stressfaktor bei diesen Jobs. Ansonsten sind mir Natursekt-Sessions fast schon am liebsten. Es geht schnell, ist relativ einfach und unkompliziert. Mit der Zeit verwende ich im Gespräch mit Viktor nur mehr Begriffe aus der Szene: Goldene Dusche, Pissspiele, Natursekt sind in meinem täglichen Wortgebrauch völlig normal. Das Experiment verändert eindeutig meinen Wortschatz.

Auch in meinen Aufzeichnungen über das Erlebte wird die Sprache immer derber.

Heute schockiert mich eine goldene Dusche überhaupt nicht mehr. Eine sexuelle Spielerei wie der Gebrauch von Handschellen beim Liebesspiel. Es ist zwar nicht mein Ding, aber ich finde es weder abartig noch ekelhaft. Eigentlich ist nichts dabei. Nur ein warmer Strahl Wasser.

Wissenswertes zum Thema **Natursekt**

Sex ist nur schmutzig, wenn er richtig gemacht wird.

Woody Allen
US-amerikanischer Schauspieler und Regisseur

Liebe Leser! Auch zum Thema Natursekt haben wir uns schlau gemacht und allerlei Interessantes für Sie zusammengesammelt. Und los geht's mit folgendem Dialog aus einer Filmszene:

Ein Mann und eine Frau betreten eine Zahnarztpraxis.
Sie: Mmmhhh es kann losgehen, jetzt wird gebohrt und gefüllt!
Er: Sehr gern!
Sie: Schon mal auf 'nem Zahnarztstuhl gefickt?
Er: Nein, nein, ich wollte immer schon meinen Zahnarzt, bloß er ist ein Mann. (Aber das wollte ich immer schon mal.)
Sie: Ich werde dafür sorgen, dass du ihn vergisst.
Er: Weißt du, was? Mach schon mal den Stuhl bereit, ich müsste eben mal kurz aufs Örtchen.
Sie: Oh … erledige das ruhig auf mir!
Er *(verlegen):* Oh … ähh … ja, ich muss … groß … beides.
Sie *(verschmitztes Lächeln):* Und … ?

Folgender Dialog ist nicht etwa aus einem einschlägigen Hardcoreporno, sondern aus der Hollywoodkomödie *Kill the Boss 2*. Jennifer Aniston spielt eine sexsüchtige Zahnärztin, der nichts zu versaut ist und die ihre Lover heillos überfordert. Hollywoodfilme sind immer ein guter Indikator für gesellschaftliche Normen. Natürlich werden in einer derben Komödie Grenzen des guten Geschmacks überschritten, aber alleine, dass man folgende Szene sieht, ist immer auch ein bisschen ein Zeichen dafür, dass das Thema Natursekt und andere sexuelle Besonderheiten mehr zum Mainstream werden und die Menschen offener über bizarr anmutende sexuelle Praktiken sprechen.

Begriffe

Die sexuelle Stimulierung durch Urin wird medizinisch-psychologisch Urophilie oder auch, meistens umgangssprachlich, Natursekt (NS) genannt. Andere Bezeichnungen sind: Golden Shower oder Gelbe Dusche, Wassersport, Pissing oder Goldener Champagner. Diejenigen, die Urin als Vorliebe haben, mögen es, dass auf ihnen uriniert wird, ihn zu trinken oder jemandem beim Urinieren zuzusehen.

Verbreitung

Sexuelle Vorlieben verbunden mit Urin sind zwar immer noch Tabuthema und gesellschaftlich geächtet, doch diese Spielart ist populärer, als Sie vielleicht denken. Auf der größten deutschen Erotikplattform Joyclub (www.joyclub.de) haben über 10 000 Mitglieder angegeben, Natursekt als sexuelle Vorliebe zu haben. Google liefert zu diesem Stichwort knapp eine Million Beiträge. Es gibt auch Frauen, die sich zu diesem Fetisch hingezogen fühlen, wobei wie bei vielen Fetischen die Männerwelt dominiert.

Pinkeln ein Tabu

Worin besteht der Reiz, Urin wortwörtlich in das Liebesleben einfließen zu lassen?

Schon als Kind werden wir ermahnt, anderen Personen nicht beim Wasserlassen zuzusehen. Es ist unhöflich und das Ausscheiden von Körperexkrementen ist eine Sache, die man alleine und ungestört macht. Es ist zwar das Natürlichste auf der Welt, und wir alle tun es täglich, aber es ist eine Sache im Verborgenen. Darüber spricht man nicht. In den USA spricht man nicht einmal von Toilette, sondern es heißt bathroom. Vielleicht kennen Sie sogar das Phänomen als Mann. Sie sind in einem Club, Sie müssen mal dringend Ihre Blase entleeren und endlich stehen Sie vor dem Pissoir, hinter Ihnen und neben Ihnen eine lange Schlange von Typen, die darauf warten, dass auch sie endlich drankommen, und es geht nicht. Sie sind blockiert. Sie sind es gewohnt, Ihr Geschäft alleine zu erledigen. Sobald die kleinste Möglichkeit besteht, dass jemand zusieht oder Sie hören kann, sind Sie nicht mehr entspannt. Caroline erzählte mir, dass sie als Kind immer wissen wollte, wie Männer pinkeln, und sie es selbst erleben wollte. Als sie Jahre später die

Gelegenheit bekommen hat, zufällig einen Blick auf ihren urinierenden Freund zu werfen, fühlte sie sich ungezogen, aber trotzdem fasziniert. Wie vieles im Leben ist alles, was verboten ist oder ein Tabu darstellt, umso interessanter und faszinierender.

Urin als Lustmittel

Für Beatrice Poschenrieder, Erotikcoach und Autorin zahlreicher Bücher, ist die mütterliche Fürsorge oder die Disziplinierung eine mögliche Ursache für Urophilie.

Für sie wäre denkbar, das ein Kleinkind z. B. nach erfolgreichem Urinieren von der Mutter liebevoll am Penis gesäubert wird und das Kind dieses Ereignis dann untrennbar mit sexuellem Wohlgefühl verknüpft. Oder umgekehrt. Ein Kind, das ins Bett uriniert und als Strafe geschlagen wird. Das menschliche Gehirn kann diesen Schmerz in Erregung umfunktionieren. Eine Schutzfunktion sozusagen. Diese Verknüpfung kann sich im Erwachsenenalter zu einem Fetisch entwickeln. Weiters führt sie an, dass das Urinieren auf den Partner eine Fortführung von tierischen Urinstinkten/Trieben sein könnte. Nämlich das Markieren eines Reviers oder Besitzes. Oder aber die sexuelle Erregung kommt aus der Besudelung, die wiederum etwas mit der Demütigung und Macht über den Partner zu tun hat.

Aus unserer Erfahrung wissen wir, dass viele Männer, die eine Natursekt-Session verlangten, auch immer devot waren. Ich deute also das Empfangen von Natursekt direkt in den Mund als die oberste Form der Demütigung und gleichzeitig die größte Belohnung, die die Herrin ihrem Sklaven geben kann.

Mehr Trivia

- Solche Praktiken, wie Natursekt-Spiele, werden bereits im 18. Jahrhundert vom französischen Adeligen und Philosophen Marquis de Sade genannt. Von ihm leitet sich übrigens auch das Wort Sadismus ab.

- Die Nahrung spielt eine wesentliche Rolle für den Geschmack des Urins. Natursekt-Experten empfehlen die reichliche Einnahme von Ananas, sie soll den Natursekt auf Champagner-Niveau erheben. Spargel hingegen hat den gegenteiligen Effekt und ist nicht anzuraten.

- Für Natursekt-Fetischisten gilt der Urin von Schwangeren als eine absolute Delikatesse. Die Östrogene sorgen in dieser Zeit für eine natürliche Süße und so soll ein wunderbarer Eigengeschmack entstehen.

- Für Natursekt-Liebhaber gibt es im Erotikhandel (z. B. bei www.libosan.ch) wasserdichte Bettwäsche zu kaufen.

- Das bekannte Lied »Bobby Brown (Goes Down)« von Rocklegende Frank Zappa aus dem Jahr 1979 enthält folgende Textzeile:

  I can take about an hour on the tower of power
  As long as I get a little golden shower

  … und beschreibt somit die Vorliebe von Protagonist Bobby Brown für Natursekt-Spiele. Im Liedtext kommen übrigens auch sehr explizit die Themen Hodenquetschen, Analpenetration, vorzeitiger Samenerguss sowie Vergewaltigung und Sadomasochismus vor. Der Song belegte in Österreich Nummer zwei und in Deutschland Nummer vier in den Charts und war generell in Europa ein Hit im Gegensatz zu den USA.

- Das bekannte Wahrzeichen von Brüssel ist der »Manneken Pis« – eine Brunnenfigur eines urinierenden Knaben. Der weibliche Gegenpart ist übrigens die Figur »Jeanneke Pis« und zeigt ein urinierendes Mädchen.

- Auch die bedeutenden Maler Pablo Picasso und Rembrandt haben sich mit dem Thema künstlerisch beschäftigt.

- Andy Warhol produzierte seine berühmten »oxidation paintings«, indem er zusammen mit anderen Künstlern auf Leinwände urinierte.

- Bei Homosexuellen gibt es den sogenannten Hanky Code. Kurzform von Handkerchief = Taschentuch. Dabei wird ein gelbes Taschentuch in der Hosentasche getragen und zeigt, dass man bekennender Natursekt-Liebhaber ist, wobei die linke Gesäßtasche für den aktiven Urophilen steht (»Urin spenden«), analog die rechte Gesäßtasche für den passiven Partner (»Urin empfangen«). Nachzulesen in *The Complete leatherboy Handbook (2012)* von Vincent Andrews.

TEIL 3

Von Zöglingen und Zofen

Ich habe gehört, hier im Internet sei so ziemlich jeder Fetisch vertreten. Wer von Euch wäre denn jetzt geil darauf, meine Wohnung zu putzen?

Anonym aus dem Internet

Tag 123

DIE STRENGE HERRIN MARION

Runter mit euch auf die Knie! Meine Name ist Marion. Ich bin eine 23-jährige Kunststudentin, doch abseits der Uni bin ich eine strenge Herrin, die nichts zu lernen hat, sondern lehrt. Und zwar devote Männer. Ich richte Sklaven ab und bilde sie zu einer annehmbaren Kreatur aus. Falls ihr Interesse habt, dann meldet euch bei mir. Schreibt mir höflich und respektvoll.

Eure (zukünftige) strenge Herrin Marion!

Viktor:
Unsere zweite erschaffene Kunstfigur. Wir bekamen so viele Anfragen von devoten Männern, dass wir beschlossen, das Domina-Business vom Rest abzugrenzen. Caroline muss sich zwar nun in zwei Rollen denken, aber es vereinfacht die Organisation. Sklavensessions, die üblicherweise 45 Minuten dauerten, sind aber im Vergleich zu Höschenübergaben oder Natursekt-Sessions sehr komplex. Caroline muss kreativ sein. Immer neue Aufgaben, immer neue Bestrafungen. Sklaven, die sich unter Herrin Marions oder Herrin Tinas Fittiche begeben wollen, müssen eine Art Aufnahmsprüfung bestehen. Die zehn Regeln der Herrin. Diese waren zu lernen und müssen auf Befehl rezitiert werden können. Das war Carolines Idee und ich denke, den Kandidaten wird das gefallen.

Caroline:
Wenn du mit Sklaven arbeitest, musst du nie Angst haben, dass dir etwas passiert.

Nur bei diesen speziellen Höschenübergaben gab es unangenehme Situationen. Nicht, weil die Kunden mir zu nahe kommen. Aber sie fordern ständig mehr, für denselben Preis. Sie denken, sie dürfen das, weil sie dafür zahlen. In diesen Situationen fühle ich mich ausgenutzt. Sie geben mir das Gefühl, dass ich ihnen gehöre. Als wäre ich ihr Besitz. »Zeig mir mehr, mach das und jenes. Dreh dich mal und so.« Ich habe mir die Kontrolle nehmen lassen. Die Kunden, die ich zu längeren Sessions traf, waren ganz anders. Sie waren immer höflich und nett und sie behandelten mich mit Respekt. Insbesondere die Sklaven.

Tag 125

DER ALLESLECKER

– Guten Tag, Herrin.
Bist du bereit zu dienen?
– Ja, meine Herrin.
Kennst du alle Regeln auswendig?
– Ja, meine Herrin.
Wie lautet die Regel Nr. 3?
– Der Sklave ist für alles dankbar.
Sag, wie dankbar du bist!
– Ich bin sehr dankbar für die göttlichen Füße meiner Herrin.

Wenn er es zu leise sagt, bekommt er einen Schlag. Wenn er zu lange mit der Antwort zögert, bekommt er einen Schlag. Oder er verwechselt eine der Regeln, dann bekommt er ebenso einen Schlag verpasst. Ich schlage ihn mit meiner Hand oder mit einer Gerte. Manchmal trete ich ihn sogar mit meinem Fuß. Wie es mir beliebt. Manchmal schlage ich ihn auch einfach so, ohne dass er einen Fehler gemacht hat. Das tue ich, weil er Schläge genießt und weil ich ihm zeige, dass ich seine Herrin bin, die tun und lassen kann, was sie will und … *weil ich es genieße.*

Aber niemals zu fest – schließlich darf seine Frau keine Spuren bemerken – aber fest genug, dass er spürt, dass ich das Sagen habe.

»Warst du ein braver Junge?«, frage ich ihn mit herrischer Stimme. »Hast du es verdient, die Füße deiner Herrin zu lecken?« Er sieht mich mit diesem sehr speziellen Blick an. Ein Blick, den ich schon bei vielen Sklaven gesehen habe. Wie ein unschuldiges

Hundebaby, das hoffnungsvoll auf einen Snack seines Herrchens wartet. Was für das Hundebaby das Würstchen, ist für den Sklaven der Peitschenhieb. Genug mit diesem Hundeblick! Ich schlage ihn erneut. Diesmal auf seine Oberschenkel und verfehle knapp sein erigiertes Glied. »Leg dich hin und wichs deinen Schwanz«, befehle ich ihm. Dabei ziehe ich meinen Mantel aus. Darunter trage ich ein typisches Dominaoutfit.

Ein schwarzes Lederkorsett mit Strapsen und dazu Stöckelschuhe, die mich zehn Zentimeter größer machen – meine spezielle Überraschung für ihn. Kleine Geschenke erhalten die Freundschaft, wie man sagt und High Heels erhalten die Kundentreue. Ich ziehe sie aus und streife mit meinen Zehen über sein Gesicht. Er soll kurz meinen Geruch aufnehmen, bevor ich ihm erlaube, meine Füße sauberzulecken.

»Und nun wiederhole alle Regeln deiner Herrin. Laut und deutlich!«

Regel 1: Der Sklave wird seine Göttin immer mit Herrin ansprechen!
Regel 2: Der Sklave wird seiner Herrin immer mit Demut, Respekt und Höflichkeit entgegentreten!
Regel 3: Der Sklave ist für alles dankbar!
Regel 4: Der Sklave erträgt mit Freude die Launen seiner Herrin!
Regel 5: Der Sklave wird die Herrin nie berühren, außer sie befiehlt es!
Regel 6: Der Sklave wird seinen Tribut immer mit Freude und Demut übergeben!
Regel 7: Der Sklave ist immer ehrlich und aufrichtig!
Regel 8: Der Sklave erscheint bei seiner Herrin immer sauber und gepflegt!
Regel 9: Der Sklave erledigt alle Aufgaben und Dienste mit Hingabe und Demut!
Regel 10: Der Sklave ist nie aufdringlich!

»Gut gemacht, du Kreatur!« Er macht keinen einzigen Fehler. Ich habe ihn schon sehr gut abgerichtet.

»Das hast du brav gelernt! Ich gestatte dir nun, meine Schuhe sauber zu lecken.« Das ist ein Privileg für ihn. Jeder Sklave hat irgendwie sein eigenes Ding. Ganz spezielle Vorlieben. Herr Alleslecker – Naja, der Name sagt schon alles. Er giert förmlich danach, meine Schuhe und Füße von Schweiß und Dreck zu befreien, als ob es das letzte Essen auf Erden wäre.

Er richtet sich auf, geht auf seine Knie und beginnt meine High Heels mit seiner Zunge zu säubern. »Los! Leck sie schön sauber! Du unnützes Tier!«

Ich greife wieder zu der Gerte (wenn meine reitbegeisterte Freundin wüsste, wofür ich sie wirklich verwende, hätte sie sie mir wohl nicht geborgt) und schlage auf seine Schenkel. Eine extra Belohnung.

Heute habe ich mir etwas Besonders ausgedacht. Er hatte Viktor immer wieder geschrieben, dass er es extremer mag. Es gibt kein Tabu. *Nun gut. Probieren wir es aus …*

Bist du bereit, alles zu lecken, was deine Herrin dir befiehlt?
– Ja. meine Herrin. ALLES!
Dann steh auf und folge mir!

Wir verlassen den Lustraum und gehen auf dem Flur des alten Gebäudes in Richtung WC. Die Toilette funktioniert zwar, wurde aber seit Jahren nicht gesäubert. Es riecht stark nach Urin und Erbrochenem. »Rein mit dir. Hier gibt es Arbeit für dich!«

Er kniet sich hin, hebt die Klobrille und beginnt, die Kloschüssel abzulecken. Außer eines kurzen Zögerns kann ich keine Abneigung erkennen. Es ist schwierig, einzuschätzen, ob es ihm gefällt, da er eine dunkle Sonnenbrille trägt. Das tut er bei jeder unserer Sessions. Mir wird fast übel, ihn dabei zu beobachten, wie er diese total verdreckte Kloschüssel mit seiner Zunge ableckt. Er arbeitet ruhig und genau. Er scheint überhaupt ein ruhiger Typ zu sein. Gefühllos erledigt er seine aufgetragenen Aufgaben. Mir kommt es fast so vor, als würde er all diese widerlichen Tätigkeiten vollbringen, weil er versucht, etwas zu spüren, zu fühlen. Er merkte einmal an, dass er auch liebend gerne den Achselschweiß und das Poloch der Herrin sauberlecken möchte. Das kam natürlich nicht infrage.

Obwohl ich ihn schon Dutzende Male getroffen habe, weiß ich nicht viel über ihn, außer dass er attraktiv, äußerst gepflegt ist und sehr gut riecht. Es gibt keine Gelegenheit für private Unterhaltungen, da ich immer sofort in meine Rolle als Domina schlüpfe. Wenn er spricht, dann leise und schüchtern. Und recht viel mehr als »Ja, Herrin« und »Sofort, Herrin« sagte er ohnehin nicht. Doch manchmal, wenn ich ihn etwas härter rannehme, dann lächelt er. Und ich weiß nie, lacht er mich aus oder ist das ein Zeichen der Befriedigung? Aber auch egal. Ich mag ihn. Er ist ein einfacher Kunde. Er kommt, leckt und geht wieder.

Caroline:

Bei meinen ersten Dominasessions, vor vielen vielen Wochen, war ich noch nicht richtig in meiner Rolle. Ich war noch nicht abgebrüht genug und mir fehlte der Mut. Sklaven wollen geschlagen werden und das stellte für mich anfangs ein massives Problem dar. Zur Begrüßung sollte ich ihm ins Gesicht schlagen. Ich tat es so mädchenhaft zögerlich, es war richtig peinlich. Erst bei der dritten Session schaffte ich es irgendwie. Meine Schläge wurden präziser und härter. So hart, dass meine Hand für einige Sekunden schmerzte. Dieses Gefühl, dass ich in jenem Moment verspürte, kannte ich zuvor nicht.

Dieses Gefühl der absoluten Macht. Es beflügelte mich, gab mir ungeahnte Kräfte und innere Zufriedenheit. Ich war von mir selbst überrascht, dass es mir so gefiel, dominant zu sein. Dass es mir gefiel, Menschen zu schlagen. Bin ich deshalb eine schlechte Person? Von Kindheit an lernte ich, dass Gewalt falsch ist, dumm und unnütz. Jetzt verdiene ich Geld damit. Es dauerte eine Weile, bis ich meine Rolle als Domina akzeptieren konnte. Ich lerne bei jeder Session etwas Neues dazu. Ich überwinde immer weitere Grenzen. Und genieße diese absolute Macht immer mehr und lasse mich durch nichts aus der Ruhe bringen. Ein Vorfall wie damals im Babywickelraum Stichwort: »Busengrapscher« würde mir heute nicht mehr passieren.

Während der Sklavensessions, in diesen 45 Minuten, bin ich eine Göttin. Ich bin in meiner eigenen Welt, in der alles möglich ist. Alles, was ich will. Meine Welt, meine Session, meine Regeln. Ich kann nichts falsch machen, ich stelle die Regeln auf. Für meine Sklaven bin ich die Königin, die immer recht hat und die alles weiß.

Jeder einzelne Sklave steigert extrem mein Ego. Insbesondere wenn Viktor mir ihr Feedback vorliest. Sie lieben mich. Sie sind süchtig nach mir. Auch Viktor macht es Riesenspaß. Immerhin ist er die virtuelle Tina/Marion und verfasst all die Aufgabenstellungen und derben Botschaften. Ich lerne viel von seinem Vokabular, das ich nutzen kann. Ich denke, es macht ihm auch Spaß, so zu schreiben. Er ist ein richtiges Dominatalent.

Viktor:

Ich habe den allergrößten Respekt vor Caroline. All diese verrückten Sessions. Das muss man sich erst mal trauen. Aber manchmal beneide ich sie auch. Ich würde sofort mit ihr tauschen, anstatt stundenlang im Zimmer zu hocken und Massen an Mails zu produzieren. Mir ist schon bewusst, dass die Perspektive eines Mannes ganz anders ist und dass man das nicht vergleichen kann. Dennoch. Frauen die sich an meinen Boxershorts aufgeilen, Frauen, die vor mir knien und mich »Herr« nennen. Frauen, die meine Füße lecken. Frauen, die meinen Körper verehren. Das wäre mein Traumjob! Auch wenn die Kundinnen keine Models wären. Ich glaube, das wäre mir sogar egal. Ich bin wohl versauter als so mancher Kunde von uns …

Einmal mit Caroline die Plätze tauschen, hätte uns beiden gefallen. Wir versuchten das sogar. Waren auf der Suche nach Sklavinnen. Aber es war verlorene Liebesmüh. Die Fetischwelt ist ein Männerding. Zumindest waren es die Männer, die dafür bezahlten.

Tag 129

KRIEG

Viktor:

Neben dem neuen Profil Marion gab es natürlich immer noch die meiste Arbeit über Tinahäschen. Marion war neu und musste erst aufgebaut werden. Tina war bekannt. In ihrem Angebot hatte sie mittlerweile Pussy-Play-Sessions, also Masturbieren, Natursekt-Sessions, Fußlecksessions und natürlich verkauften wir nach wie vor Höschen, Söckchen und Schuhe. Wir sind wirklich gut im Geschäft, was bei einigen wohl Neid und Ärger auslöst. Es herrscht Krieg. Zumindest empfinden Caroline und ich es so.

Es gibt User, die sich über Tina und ihre Leistungen beschweren. Sie sei unzuverlässig, total unattraktiv, biete keinen Service und sei überhaupt viel zu teuer. Als Abzockerin wird sie dargestellt. Zuerst nahm ich diese völlig haltlosen Kommentare überhaupt nicht ernst. Erst als Caroline bei den Sessions darauf angesprochen wurde, wussten wir, dass wir handeln mussten. Die Kunden waren verunsichert.

Auch in den Anfragen wurde dieses Thema behandelt. »Stimmt das wirklich, was man über Tina liest?« Diese Negativkampagne gegen Tina zeigte Wirkung. Finanziell betrachtet hatte das kaum Auswirkungen. Wir hatten genug Stammkunden. Aber es verletzte unser Ego. Wer kann es wagen, die exklusiven Dienste von Tina so in den Schmutz zu ziehen?

Zuerst reagierten wir in den Foren darauf. Wir versuchten zu beschwichtigen, boten an, dass sich jeder selbst von Tina überzeugen könne und dass diese Hasspostings völlig aus der Luft gegriffen seien. Aber je mehr wir antworteten, desto mehr verschärften sich die Reaktionen.

Wer steckte dahinter? Neidische Konkurrenz? Nach etwas Recherche fand ich heraus, dass diese Proletenuser vor einiger Zeit Anfragen geschickt hatten. Sie waren nicht bereit gewesen, unsere Preise zu bezahlen, die wir ganz bewusst hoch angesetzt hatten, um nur eine bestimmte Klientel »anzulocken«. Das waren meist Menschen mit höherer Bildung und guten Jobs. Manager, Ärzte, Anwälte, Intellektuelle eben und somit meist gepflegt, respektvoll und bis jetzt immer ungefährlich.

Schlussendlich wandten wir uns an die Betreiber der Foren. Die Hassuser wurden daraufhin gesperrt. Drohungen und Beleidigungen sind in solchen Foren nicht erwünscht und werden auch nicht toleriert.

Und wir legten verstärkt Wert darauf, dass unsere Kunden ein kurzes Feedback hinterließen. Es funktionierte. Unser Kunden waren mehr als zufrieden mit Tina. Sie liebten sie.

Caroline:

Ja, ich war wütend. Mein Ego war verletzt. Ich nahm diese Jobs mehr als ernst. Ich steigerte mich richtig rein, ich wollte den Kunden den besten Service liefern. Sie sollten mehr als zufrieden sein mit mir. Mein Einsatz ging sogar so weit, dass ich ein schlechtes Gewissen hatte, wenn eine Session nicht nach Wunsch ablief, z. B. bei einer Natursekt-Session letzte Woche: Der Job kam so spontan herein, dass ich zu wenig Zeit hatte, genügend zu trinken. Dann saß ich eine gefühlte Ewigkeit über dem Gesicht des Kunden und nichts passierte. Mit Müh und Not konnte ich ein wenig Wasser lassen. Mehr als ein halbes Glas voll war es aber nicht.

Tag 133

ZÖGLING LUDWIG

Gesendet: [redacted]
Von: »zoeglingludwig« <[redacted]>
An: herrin_marion333@gmail.com
Betreff: **Geboren um zu dienen!**

Sehr geehrte Herrin Marion!
Ich bin Zögling Ludwig, 48 Jahre alt und möchte mich gerne bei Ihnen um eine regelmäßige Erziehung als Haus- und Putzsklave bewerben. Ich ersuche um ein engmaschiges Kontrollsystem und strenge Umerziehung (vorerst stundenweise, dann tageweise). Bin derzeit freilaufend, und hatte bis vor vier Jahren, einem jungen deutschen Herrscherpärchen, (der Herrin) tageweise und stundenweise gedient. Bin ein willenloses Objekt und bereit, Ihnen zu dienen. Wurde im schul- und internatsmäßigen Erziehungsbereich mit Sklavenpflichten bei nur mäßigem Erfolg unterrichtet. (Abwasch, Putzdienste, Servieren und Bedienen der Herrin) Regelmäßige praktische Prüfungseinheiten sollen als Erfolgscontrolling dienen. SMS-Kontrolle, auch über Skype.

Bin solo und unverheiratet und in wenigen Monaten in Pension wegen einer Herzerkrankung. Bin mobil und kann in späterer Folge, tageweise und Wochenende und/oder Urlaubstage zur Umschulungsausbildung verbringen. Habe reales und ehrliches Interesse und bitte Sie um eine offene Information, sowie um ein Treffen und Aufnahmegespräch.
Im abgelaufenen Jahr haben sich einige Vergehen und Fehlleistungen in den verschiedensten Bereichen angesammelt. Es wurden die Ziele nicht erreicht. Es ist mein Wunsch, meine Erziehungsdefizite in den Griff zu bekommen und so möchte ich mich einer Ausbildung unterziehen. Wegen Ungehorsam und mangelnder Disziplin ersuche ich Sie, mich mit nachhaltiger englischer Schul- und Internatserziehung zu unterstützen und zu fördern. Habe die letzte Ausbildung wegen fehlender Disziplin nicht bestanden und besitze ein Zeugnis mit der Gesamtnote: Nicht Genügend.

Wie sollte ich dienen, mit Halsband und Leine im Haus?
Welche Vorstellungen haben Sie konkret? Meine Tabus sind: Nadel, Blut, große Klammern, Cutting und ungesetzliche Praktiken, Branding, Kaviar, Doktorspiele.
Hingegen wären: Sklavenhaltung, englische Schul- und Internatserziehung, Schläge auf den Arsch, mit Rohrstock, Gerte, Krampusrute, Kochlöffel, Teppichklopfer, Lineal, Ohrfeigen, Ohren ziehen, Spucke der Herrin, auch Aufnahme, Zigaretten in der Hand ausdämpfen (Aschenbecher), Ecke stellen, vorsagen, prüfen, Schwanz stark ausgreifen, Eichel mit Wachs begießen, junge Brennnessel, Pospalte, mit Wachs befüllen, mit den Fingernägel an den Brustwarzen ziehen – wohl notwendig und erwünscht.

Weiters: Dabei sein beim Sex der Herrschaft (in der Ecke stehen mit glühendem Arsch), Zehen lecken der Herrin, Schläge abseits Park, Bahnhof oder Parkplätze, wenn die Herrin mit dem Auto mit mir unterwegs ist. Sport abseits mit Leine, Abprüfen von Haushaltstätigkeiten im Freien. Möglichkeiten im Rahmen des Gesetzes (Treffen zu Kaffeekränzchen bei meiner Herrin), wo jemand zuschaut bei der Erziehung, gegen Entgelt. Lernen von Haushaltstätigkeiten, Ausführen von Strafarbeiten.

Ich unterziehe mich mit starkem Willen und Engagement der Ausbildung. Meine Stärken sind: Ausgeprägtes Wollen, Ehrlichkeit und reales Interesse. Sollte ich die Chance erhalten, von Ihnen ausgebildet zu werden, werde ich versprechen, mein bisheriges Fehlverhalten zu ändern.
Ich freue mich schon sehr auf ein persönliches Gespräch und ersuche um positive Befürwortung meiner Bewerbung und Aufnahme.
Verbleibe demütig
Zögling Ludwig

Viktor:
Dies ist nur eine von vielen sehr ausführlichen Mails inklusive 15-seitiger Anleitung für die richtige englische Erziehung und vieler selbst verfasster Zeugnisse seiner Sklaventätigkeit, die er uns schickte. Am liebsten würde er 24 Stunden, siebenmal die Woche dienen. Als persönlicher Fahrer oder Hausbutler. Angezogen, nackt oder an einer Kette hängend. Wie es eben der Herrin beliebt. Er würde Rasen mähen, die Wohnung putzen, ja sogar Einkäufe tätigen. Er wollte nicht nur dienen, sondern eine völlige Kontrolle seines Lebens. Dazu hat er sogar einen Sklavenvertrag aufgesetzt (durchaus üblich in der Branche). Ein zehnseitiges Dokument, in dem sein ganzes Leben geregelt war. Sein SMS- und E-Mail-Verkehr, sein Bankkonto sowie sämtliche Zahlungsflüsse sollten von der Herrin kontrolliert werden. Sklave zu sein war für ihn nicht nur eine Lust oder ein Hobby. Es beanspruchte jede freie Minute in seinem Leben.

Wir sind fasziniert von Zögling Ludwig. Er ist ein ganz besonderer Fall. Ich bin richtig aufgeregt. Die Herrin Marion hat ein Treffen befohlen zum Kennenlernen. Und ich bin dabei! Eine Premiere! Als Herrin Marions persönlicher Assistent. Als Adjutant »Mr. Belvedere«.

Tag 135

HERRIN MARION, MR. BELVEDERE UND DER ZÖGLING

Caroline:

Ich sitze mit meinem Adjutanten, Viktor alias Mr. Belvedere (auf dem Namen hat Viktor bestanden), in einem gut besuchten Gasthaus in der Nähe des Bahnhofs. Wir sind 15 Minuten zu früh, damit wir den Ablauf und die Strategie nochmals vor Ort besprechen können. Für das bevorstehende Vorstellungsgespräch suchten wir einen Tisch etwas abseits im Lokal. Viktor ist ganz aufgeregt und kann es kaum erwarten. Vor ihm liegt eine Mappe. Ein Aufnahmefragenkatalog für den Zögling Ludwig.

Ein Mann mit Glatze kommt auf uns zu. Ich weiß sofort, dass er unser Mann ist. Viktor winkt ihm zu, dass er sich setzen soll. Dann sieht er ihm tief in die Augen und mit ernster Stimme und total seriös sagt er: »Ich bin Mr. Belvedere, Herrin Marions Adjutant. Sie hat mich ausgebildet und ich werde nun prüfen, ob du geeignet bist.« Dann sieht Viktor mich unterwürfig an. »Ihr Wille, meine Hände.«

Wo hat er denn den Spruch her? Ich muss mich fast verschlucken vor Lachen. Zögling Ludwig nickt nur schweigend. Jetzt legt Viktor so richtig los und fragt ihn, warum er Sklave werden will und vieles vieles andere. Ich habe Angst, er übertreibt es. Aber Zögling Ludwig beantwortet jede Frage ausführlich und überschwänglich. Dieses Rollenspiel macht auch ihm sichtlich Spaß.

Viktor macht sich Notizen, nickt ab und an nachdenklich. Hin und wieder stelle ich eine Zwischenfrage, die ich Viktor ins Ohr flüstere und er dann laut ausspricht. Zögling Ludwig ist noch nicht würdig, dass die Herrin direkt mit ihm kommuniziert. Viktor spielt seine Rolle perfekt. Er macht das ausgezeichnet. Man merkt, wie sehr er es genießt, mal mittendrin zu sein statt nur dabei.

Der Kaffee wird serviert. Wir unterbrechen das Gespräch, dennoch bin ich mir sicher, der Kellner hat einiges aufgeschnappt. Wir warten kurz, Viktor und ich nippen an unseren Tassen. Dem Zögling ist es nicht gestattet, zu trinken. Ich frage ihn durch Viktor nach seinen bisherigen Erfahrungen als Sklave. Positiv wie auch negativ.

Und so erzählt uns Zögling Ludwig ausschweifend von seinem deutschen Herrscherpärchen. Sie hielten ihn an der Leine wie einen Hund. Er diente ihnen als lebendiger Stuhl, mähte ihren Rasen, putzte das Haus. Ja, er fuhr sogar mit ihnen in den Urlaub. Es war die beste Zeit seines Lebens. Doch leider waren sie in eine andere Stadt gezogen.

Seine letzte Domina hat ihn aber ausgenutzt. Er zahlte viel und bekam nichts. Alles, was sie tat, war, ihn für viele Stunden in einen Käfig einzusperren. Sie sperrte ab, warf den Schlüssel weg und verschwand. Er war einen ganz Tag dort eingesperrt und konnte auch nicht in der Arbeit erscheinen. Irgendwann kam sie zurück, öffnete und ging wieder wortlos. Mehr passierte nicht. Er war enttäuscht von dieser Domina und hatte ein bisschen Angst, dass so etwas wieder passieren würde.

Er tut mir leid. Es ist schlimm, so etwas zu erfahren. Dass Fetischisten so ausgenutzt werden. Das war richtige Abzocke. So etwas war uns zuwider. Nach 60 Minuten war das Gespräch beendet. Zögling Ludwig bezahlte die Rechnung und ging.

Tag 139

ZOFE JULIA

Viktor:
Zögling Ludwig war ein anspruchsvoller Sklave. Zu anspruchsvoll. Dieses ständige Verlangen nach Aufmerksamkeit überforderte uns. Mehrmals pro Tag meldete er sich, wünschte sich Aufgaben, Bestrafungen, wollte uns sogar seine Kontodaten schicken, damit wir seine Finanzen prüfen konnten. Er wollte ein 24-Stunden-Dominaservice. Das konnten wir nicht anbieten, so mussten wir ihm absagen. Er tat uns sehr leid. Er wirkte so hilflos und verzweifelt. So dringend wünschte er sich eine Domina, die über ihn herrschte. Ich hoffe, er findet wieder eine Herrin oder ein Herr-

scherpärchen, bei denen er glücklich werden kann und die ihn nicht ausnutzen. Ganz anders tickte die »Zofe Julia«. Ein Sklave, den Tina bereits zu Beginn des Experiments kennenlernte, vor Herrin Marions Zeit.

Stellen Sie sich Folgendes vor: Sie sitzen im Büro der Bank Ihres Vertrauens. Vor Ihnen sitzt Ihr Bankbetreuer, geschniegelt im feinen Zwirn – immer ein Lächeln im Gesicht – und berät Sie über einen Kreditantrag oder einen Bausparvertrag. Doch unter seinem Businessoutfit trägt er einen Stringtanga von Tina und kurz vor dem Beratungsgespräch mit Ihnen war er auf der Toilette und kniete dort zehn Minuten mit einer Strumpfhose über den Kopf gezogen. Das musste er tun, schließlich hat ihm das seine Herrin Tina, also ich, befohlen. Womöglich ist es unsere Zofe, die Ihnen beim nächsten Banktermin gegenübersitzt …

Die Zofe ist ganz klar einer unserer Lieblinge. Immer zuverlässig, immer pünktlich, immer höflich und nie fordernd. Er möchte einfach nur dienen. Er möchte Sklave sein. Das Verhältnis zu Tina begann ganz harmlos mit einfachen Höschenübergaben. Doch lesen Sie selbst.

Gesendet: [redacted]
Von: »Zofe« <[redacted]>
An: Tina.haeschen97@gmx.at
Betreff: **Geboren um zu dienen!**

Sehr geehrte Herrin Tina!
Wie versprochen komme ich hiermit meiner zweiten Aufgabe nach. Sie haben mich gefragt, was es für mich heißt, zu dienen. Dazu möchte ich Ihnen die nachstehenden, ehrlichen Zeilen schreiben. Regel 7: Der Sklave ist immer ehrlich und aufrichtig. Die Entwicklung vom Höschenkauf zur Herrin hätte ich mir so nicht erwartet und deshalb möchte ich Ihnen gerne mehr über mich erzählen, damit Sie sich ein besseres Bild von mir machen können.

Das erste Anschreiben an Sie erfolgte, weil ich neugierig war ein Höschen zu kaufen. Es war sehr spannend und Ihre ersten Aufgaben waren sehr erregend. Ich trage schon immer gerne Damenhöschen und Strumpfhosen, denn für mich ist es ein Zeichen der Unterwerfung und der Stellung als Sklave. Die Treffen mit Ihnen sind immer sehr spannend. Auch die Regeln sind prima. Ich werde diese immer wieder lernen und ich denke, beim nächsten Treffen kann ich dann alle problemlos aufsagen. Damit komme ich zu dem nächsten Punkt. Den Treffen. Sie haben ja diesmal schon einiges über mich erfahren. Ich habe eine Freundin, und deshalb ist mir Diskretion natürlich auch sehr wichtig. Damit sind natürlich auch wirkliche Spuren mit Peitschen und Rohrstock nicht möglich. Jedoch bin ich schon auch etwas schmerzgeil und an Schmerzen gewöhnt. Wie oft Treffen möglich sind muss ich über den Tribut beantworten, denn mehr als 400 Euro im Monat kann ich mir leider nicht leisten.

Sie haben mich gefragt, ob ich auch Ihre Wohnung putzen würde. Dazu muss ich Ihnen Folgendes sagen. Im Prinzip denke ich ja, ich würde das machen. Dazu muss ich nun zu meiner zeitlichen Verfügbarkeit kommen. Diese ist nämlich aufgrund meiner beruflichen Aktivitäten und aufgrund meiner Freundin natürlich etwas eingeschränkt. Am Wochenende ist es mir fast unmöglich. Unter der Woche kann ich mir immer wieder einmal zwischen 18 und 20 Uhr Platz schaffen. Eine tägliche, uneingeschränkte Verfügbarkeit ist mir leider nicht möglich.

Ich hoffe, ich habe Sie mit meiner E-Mail jetzt nicht komplett verärgert. Sie sind eine wirklich tolle Herrin und ich freue mich, Ihnen eine eigene Peitsche kaufen zu dürfen.
Damit wünsche ich Ihnen noch einen schönen Abend!
In Demut,
Zofe Julia

Auch das gefiel mir an der Zofe. Er war einfach ein total netter Kerl. Seine freundlichen Mails waren eine willkommene Abwechslung im oft rauen und demütigen Forumsalltag. Der Wunsch, gedemütigt zu werden, kommt aber nicht nur von Managern (fast schon ein Klischee). Devote Männer gibt es in allen Gesellschaftsschichten und Altersstufen, wie es scheint. Zumindest beweist das eine Anfrage von »Emanuel333«. Wir nennen ihn *Teenieslave,* da er erst

17 Jahre alt ist. Er wohnt mit seinen Eltern im schicksten Bezirk der Stadt. Jeden Tag bettelt er um einen Besuch der Herrin. Natürlich nur, wenn die Eltern außer Haus sind. Er will wissen, wie ihn die Herrin bestraft und was sie alles mit ihm anstellen würde. Tina soll sich als seine Englischnachhilfelehrerin ausgeben, falls überraschenderweise doch jemand im Haus auftaucht. Bezahlen will er mit Kinogutscheinen und Essensrabattmarken.

Ganz extrem ist auch Samson. Ein 39-jähriger Tischler. Er bringt den Begriff Sklave zu seiner ursprünglichsten Form. Er will, dass die Herrin Marion ihn vollkommen besitzt. Er stellt seinen Körper voll und ganz in den Dienst seiner Domina. Er bietet an, dass es auch möglich sei, ihn zu verkaufen oder gegen Geld zu vermieten. Als Körper, mit dem man alles anstellen kann. Egal ob von Mann oder Frau geschändet oder in der Funktion einer lebendigen Toilette.

Tag 141

DER PENISNADELMANN

Caroline:

07:00 Uhr/Carolines Wohnung/Küche

Ich sitze am Frühstückstisch, trinke meinen Kaffe und bereite mich auf einen neuen frivolen Tag vor. Während mein Freund ahnungslos in der Dusche ist, checke ich heimlich Viktors Terminplan für heute. Welche lustvollen Abenteuer mich wohl heute erwarten? Es wird ein arbeitsreicher Tag – drei Jobs hintereinander. Zuerst eine Natursekt- und dann eine Fußlecksession. Reine Routine. Nichts Besonderes. Doch der dritte Job scheint interessant zu werden.

Gesendet: [redacted]
Von: »Grasshüpfer« <[redacted]>
An: Tina.haeschen97@web.de
Betreff: **Having Fun!**

Hallo Tinahaeschen
Bin gerade auf Dich aufmerksam geworden.
Hättest Du Lust zuzusehen, wie ich mich Outdoor, vielleicht an einem Badesee oder auf einer Wiese, vor Dir selbst befriedige? Die Sonne strahlt heiß vom Himmel. Ich liege mit weit gespreizten Beinen vor Dir auf der Wiese, während ich langsam und tief eine enge Gummimuschi ficke und gleichzeitig ein 20 cm langer Dildo in voller Länge anal in mir steckt. Du siehst, wie ich zum Abschluss heiß und cremig das Sperma aus meinem Steifen spritze.

Ich bin Akademiker, Ende 30, biete Niveau, bin sportlich-schlank, sehr gepflegt, rasiert und gut gebaut. Hättest Du Lust, live zuzusehen? Auf Wunsch erfülle ich auch weitere Wünsche. Mir ist es sehr wichtig, dass die Zuseherin genau das zu sehen bekommt, was sie geil findet.

Das Ganze natürlich ohne Körperkontakt und Taschengeld gibt's auch. Bei Interesse alles Weitere per PN.
Alles Liebe
Der Grashüpfer ;)

In den letzten Wochen hatte ich genug Männer dabei beobachtet, wie sie vor mir masturbierten. Interessant für mich war, wie verschieden sie dabei agierten. Die Geräusche, die sich machten, die Technik, die sie anwandten. Aber der Grashüpfer brachte das Masturbieren auf ein völlig neues Level. Während ich mir im Gedanken diese Szene vorstelle, wie sich ein Mann mit einem Riesendildo selbst penetriert, kommt mein Freund aus dem Badezimmer, um mich zärtlich zu umarmen. »Ich wünsche dir einen entspannten Tag im Büro«, flüstert er mir ins Ohr und küsst mich dabei. »Ich denke heute wird's ein ruhiger Tag«, schmunzle ich zurück. Ich packe meine Sachen, eine 2-Liter-Wasserflasche (NS-Session), und ein zweites Paar Socken (Fußlecksession) und sende eine SMS an meine Arbeitskollegin, dass ich erst mittags ins Büro komme. »Ja wieder ein Arztbesuch. Verdammte Allergien ...«

11:00 Uhr/außerhalb der Stadt/Wiese

Ich spaziere mit dem Grashüpfer über die Wiese und wir suchen uns ein gemütliches Plätzchen versteckt hinter den Büschen. Es ist ein heißer Tag und viele Menschen sind hier. Das ist für ihn wohl der Extrakick. Die Gefahr, jederzeit erwischt zu werden bei seinen Spielchen. So eine Vorführung wäre mir an einem privaten Ort lieber.

Er sieht aus wie ein ganz gewöhnlicher Kerl. Durchschnittliche Größe, kurzes Haar und ordentlich gekleidet. Über seiner Schulter hängt eine Männerhandtasche. Komisch, viele unserer Kunden tragen diese Männerhandtaschen. Optisch wirkt er wie ein ganz gewöhnlicher Mann. Etwas fiel mir dennoch auf: diese ständige Unruhe in seinen Augen.

Ich weise ihn nochmals darauf hin, dass Körperkontakt absolutes Tabu ist. Er gibt er mir sofort recht. Es ist gut, Grenzen zu ziehen. Man soll nur Sachen machen, die auch für jemanden selbst angenehm sind. Dieser Grashüpfer ist mir sofort sympathisch. Nur etwas zu tun, um Geld damit zu verdienen, wäre Prostitution, so meint er. Diese Frage stelle ich mir immer wieder, ob das, was ich tue, Prostitution ist – überschreite ich zu viele Grenzen für den investigativen Journalismus?

Ich rede mir selbst ein, dass ich ein offener Mensch bin und dass meine »Services« schließlich einem höheren Zweck dienen. Einfach gesagt: Das, was ich tue, ist nicht Prostitution. Es ist einfach ein freundliches Treffen. Die Kunden haben die gleiche Sichtweise und sind dankbar, dass sie mich treffen können.

»Wie wär's hier?« Eine große, alte Eiche, die Schatten spendet und umgeben ist von allerlei Gebüsch. »Ja perfekt!« Er breitet eine große Decke aus. Es wirkt wie ein romantisches Picknick. Fehlt nur der Korb mit Jause und Wein. Wir setzen uns und er öffnet seine Männerhandtasche.

Ich merke sofort, dass er ein extrem ordentlicher und organisierter Mann ist. Jedes seiner Spielzeuge ist separat in Seidentücher gewickelt. Vorsichtig packt er jedes einzelne aus und platziert es in ordentlicher Reihe vor mir. Es scheint wie ein Ritual für ihn zu sein, das geduldig, langsam und innig vollzogen wird. Seine Unruhe ist nun vollkommen verschwunden. Diese Andacht erinnert mich einerseits an den Serienkiller aus der Serie »Dexter« und andererseits an die heilige Kommunion bei einer Sonntagsmesse. Ich erinnere mich, wie ich als Kind den Pfarrer beobachtete, wie er vor dem Altar den goldenen Kelch aus dem Samt wickelte. Nach fünf Minuten ist es endlich so weit und vor mir liegen folgende Accessoires.

- Ein Dildo – normale Größe
- Ein Dildo – Jumbo-Größe (30 cm oder länger)
- Eine Silikonvagina (Model »Asia« – extra eng)
- Eine Penisnadel – Länge 20 cm, Durchmesser 8 mm. (Erinnert mich an Stäbchen in einem asiatischen Restaurant.)
- Ein Gleitgel – speziell für anale Vergnügen
- Ein Massageöl – mit Vanilleduft
- Feuchttücher – für Babypopos geeignet

Als ich seine Sammlung sehe, versuche ich meine Überraschung zu verbergen. Ich bin etwas schockiert. »Womit soll ich anfangen?«, fragt er mich. Gute Frage. Kann man mit solchen Instrumenten überhaupt erregt werden?

Den Spaßfaktor mit der Silikonvagina kann ich noch nachvollziehen. Fühlt sich sehr weich an und kann für einen Mann sicherlich angenehm sein. Doch als ich dann seinen riesigen erigierten Penis sehe, frage ich mich schon, wie dieses Monstrum in dieses kleine Ding passen soll. Das will ich sehen. Ich bitte ihn, mit der Silikonvagina zu beginnen. Er scheint mit meiner Wahl glücklich zu sein und fängt an, das Teil mit Öl und Gel vollzuschmieren. Dann steht er auf und steckt langsam seinen gewaltigen Penis in dieses kleine Etwas. Während er seinen Schwanz hin und her bewegt, stöhnt er immer lauter auf. Ich habe schon einiges erlebt mittlerweile, dennoch bin ich verwirrt. Einerseits fasziniert es mich, ihn dabei zu beobachten. Andererseits ist es ungewohnt, nichts zu tun und nur zuzusehen.

Ich versuchte zu relaxen und mich auf seine Performance zu konzentrieren. Schließlich werde ich dafür bezahlt. Während er mit seinem Schwanz spielt und die asiatische Plastikvagina einem Belastungstest unterzieht, fragt er mich, was mich sexuell anturnt.

Am meisten interessieren ihn meine analen Erfahrungen. Hatte ich noch nie probiert, da war ich ehrlich zu ihm. Er bestand darauf, dass ich es definitiv probieren müsste. Es würde mein Leben in sexueller Hinsicht revolutionieren. Das ganze Geplauder über anale Erfahrungen muss ihn dermaßen anturnen, dass er sich entschließt, mit der »Double Penetration Session« zu beginnen. Er fängt mit dem normalen Dildo an. Langsam schiebt er ihn sich in seinen Hintern. Ich frage ihn, ob er nicht mit dem Großen beginnen möchte. Er lächelt mich an und erzählt mir, dass er langsam beginnen müsse, um total entspannen zu können. Er möchte sich schließlich beim ultimativen Genuss mit dem Riesendildo nicht verletzen. Während er mit dem kleinen Dildo hantiert, will ich wissen, wie es zu seinem exhibitionistischen Masturbationsfetisch kam.

Es begann ganz unspektakulär. Mit Anfang 20 bemerkte er, dass es bei ihm ein unglaubliches Lustempfinden auslöste, wenn ihn jemand beim Onanieren beobachtete. Es fing mit Cybersex an. Zuerst chattete er mit irgendwelchen Frauen und dann zog er sich vor der Webcam aus. Im Laufe der Jahre wurde er ein Experte für Selbstbefriedigung.

»Übung macht den Meister«, sagt er, während er nun beginnt, das 30-cm-Ungetüm in seinen Hintern zu schieben. »Wenn ich mich richtig entspanne, schaffe ich ihn komplett. Wenn du magst, kannst du mir dabei helfen.« Ich zögere. Irgendwie finde ich das Bild eines sich selbst fickenden Mannes abstoßend. Aber meine Neugierde gewinnt schlussendlich und so packe ich den Dildo und schiebe ihn kräftig, aber vorsichtig Zentimeter für Zentimeter tiefer in seinen Hintereingang.

Plötzlich greift er nach dieser komischen Penisnadel und ölt sie ein. Ein langes metallenes Ding. Ich habe so was noch nie zuvor gesehen. Was hat er damit vor? Er schiebt sich dieses Ding tatsächlich in seine Harnröhre. Ja! Sie haben richtig gelesen. Was für jeden Mann nach Folter klingen muss, war für den Grashüpfer die ultimative Lustexplosion.

»Mit etwas Übung, Geduld und viel Gleitgel kann ich das nur jedem Mann empfehlen.« Als die Nadel komplett in seinem Penis verschwindet und er dadurch noch straffer erscheint, will er wissen, wie ich gerne hätte, dass er abspritzt. Ich schlage vor, in der »Asian Pussy« zu kommen. Über diese Wahl war er nicht glücklich.

»Aber so siehst du ja gar nicht, wie ich komme.« Macht mir nichts aus, mal zu passen. Wie auch immer, er erfüllt meinen Wunsch und zieht die Nadel wieder aus seinem Penis. »Nächstes Mal zeig ich dir, wie ich aus der Nadel mein eigenes Sperma schlucke.« »Gerne«, lächle ich zurück. Nett. Er trinkt seinen eigenen »Cum libre«. »Ja, ich freue mich schon darauf.« Muss man ja gesehen haben ...

Als er wieder mit der »Asian Pussy« beschäftigt ist, um zum Abschluss zu kommen, erzählt er mir von seinem Abenteuer mit einem Transsexuellen. »Er fickte mich, während eine Frau dabei zusah. Das war aufregend.« *Ich bin sprachlos ... nicht zum ersten Mal heute.*

Tag 142

GEWISSENSBISSE

Caroline:

Heute habe ich wieder versucht, meinem Freund von dem Experiment zu erzählen. Aber wieder fehlte mir der Mut. Kein Wunder. Ich selbst würde mir nicht verzeihen und das akzeptieren und tolerieren, was ich tue. Am Beginn wäre alles noch viel einfacher gewesen. Aber da waren wir erst kurz zusammen. Zu kurz, um mit so einer Sache herauszurücken.

Für mich ist es einfacher. Für mich ist das, was ich tue, kein Betrügen, und ich kann damit leben. Ich könnte mit dem Experiment nicht fortfahren, wenn ich das Gefühl hätte, ihn zu hintergehen.

Diese Sessions, auch wenn sie von außen betrachtet sexuell geladen waren, haben keine Bedeutung für mich. Sind in meiner Welt nichts Sexuelles. Natürlich sind das alles Ausreden. Ich habe mich in den letzten Monaten selbst mit diesen Ausreden beruhigt. Ihm nicht einmal die Chance zu geben, war extrem egoistisch von mir. Nicht meine Taten bereiten wir ein schlechtes Gewissen, sondern dass ich ihn anlügen muss.

Es ist mir mittlerweile unmöglich, ihm vom Experiment zu erzählen. Viel schlimmer als meine Taten ist das Lügenkonstrukt, das sich aufgebaut hat. Lügen und immer mehr Lügen. Es ist schwierig, da wieder herauszukommen. Und es ist noch schwieriger, das zu verzeihen. Gestehe ich es ihm, wäre mit einem Schlag das aufgebaute Vertrauen vernichtet. Unwiederbringlich zerstört. Und dann noch mit Viktor. Mein Freund hätte es nie akzeptiert, dass ich dieses Experiment mit ihm wage. Deshalb ist es schon besser so, wie es ist.

Tag 145

EIN VÖLLIG NORMALER ARBEITSTAG

Viktor:

Viktors Wohnung

Lautes Stöhnen tönt aus dem Wohnzimmer in mein Ohr. Ohhh ohhh, jaaaa, sooo geil ... fick mich hart ... tiefer, härter... besorg's mir richtig ...

Es klingt nach Hardcoreporno, doch weder läuft einer im Fernseher, noch hat meine frivole Mitbewohnerin Gerlinde, die wieder zurück ist, gerade Besuch. Ich habe nur zwei Gedanken, während das Stöhnen wieder leiser wird. Übertreibt sie es nicht, und habe ich auch wirklich alle Fenster geschlossen? Ich sitze vor meinem Laptop in meinem Schlafzimmer. Während ich den Posteingang von Tinahaeschen97 öffne, um neue Aufträge und Anfragen zu beantworten, sitzt Caroline einen Raum weiter im Wohnzimmer. Sie hat gerade ihren ersten Telefonsex-Kunden, »Luckyguy_82«.

25 Euro für 5 Minuten - leicht verdientes Geld, bequem von zu Hause aus. Wir haben wieder unser Angebot erweitert. Während ich die neu eingetroffenen Mails überfliege, wird das Stöhnen wieder lauter. Caroline legt sich voll ins Zeug. Verdammt, macht sie das gut! Caroline ist ein absoluter Profi. Kurz vor dem Anruf sah ich, wie sie auf ihrem Handy hantierte, sie müsse mal schnell checken, wie man sowas eigentlich macht. Ich höre sie wieder mit erotischer Stimme sprechen, was sie mit Luckyguy_82 gerade anstellen will. Sie haucht, wie nass ihre Muschi ist und wie sie sich vorstellt, seinen harten Schwanz mit ihrem Mund zu verwöhnen ...

Ich versuche, die Stöhngeräusche auszublenden, schließlich gilt es, neue Dates zu vereinbaren. Der verdammte Posteingang ist schon wieder voll. Ab 2000 Nachrichten geht nichts mehr. Deshalb erster Schritt: Posteingang leeren und unseriöse Anfragen aussortieren. Heute ist ein besonders heißer Sommertag und wir haben keine »Dates« ausgemacht. Noch!

Sobald die Forumsmitglieder sehen, dass Tina online ist, geht die Post ab. Die Erfahrung hat mich gelehrt, je heißer das Wetter, desto umtriebiger die Kundschaft. Die Männer wollen sich dann am liebsten sofort treffen. So auch Elton_47. Er ist ein 42-jähriger Chirurg und will sie unbedingt heute Abend noch treffen, bevor seine Nachtschicht im Krankenhaus beginnt. Spontane Geilheit kostet aber extra. Denn Tina wollte sich eigentlich mit ihren Freundinnen treffen und müsste nun absagen.

Der heutige Job ist anspruchsvoll: Eine Kombi aus Natursekt- und Masturbationssession. Ich trage den Termin in mein schwarzes Büchlein ein. Dort wird alles notiert. Kunden, die nicht erscheinen oder anders negativ auffallen, kommen auf die »Black List«. Ich höre Caroline laut aufstöhnen … »Jaaa jaaaa jaaaa … mmhh geil!« Wenige Sekunden später öffnet sie meine Schlafzimmertür und sagt lapidar. »Fertig! Wann haben wir den nächsten Job?«

Während Caroline sich einen Snack in der Küche zubereitet und Tee aufsetzt, hole ich frische Bettwäsche aus meinem Kasten. Zwei Stunden haben wir noch Zeit. Das bedeutet: Vorbereitungen treffen. Caroline muss anfangen zu trinken – die Erfahrung zeigt, dass zwei Stunden die perfekte Vorlaufzeit sind für eine volle Blase. Mein Job ist es, den Lustraum vorzubereiten, Wache halten und danach die angepissten Laken und angewichsten Taschentücher zu entfernen. Toll! Und dafür habe ich viele Jahre studiert und mit Auszeichnung mein Studium abgeschlossen.

15:50 Uhr
Es ist so weit. Showtime! Caroline geht zum üblichen Treffpunkt. Ich mache mich auf, um den Lustraum vorzubereiten.

1. Raum kurz lüften: Check!
2. Fenster mit Leintüchern abdecken: Check!

3. Laken auf dem Boden aufbreiten: Check! (Dient als Fangbecken für den Natursekt.)
4. Klopapierrollen liegen bereit: Check! (Zum Reinwichsen und Spuren wegwischen.)
5. Dildo ist gewaschen und bereit: Check! (Für die Pussy-Play-Session – die Kunden lieben diesen Dildo.)

15:55 Uhr
Caroline schreibt mir ein SMS, dass Elton_47 angekommen ist und dass sie nun am Weg sind. Ich überwache den Eingangsbereich. Erst wenn ich ihr grünes Licht gebe, betritt sie das Haus.

16:30 Uhr
Caroline kehrt zurück in meine Wohnung. Obwohl sie diejenige ist, die den harten Teil des Business erledigen muss, fiebere ich genauso mit, als wäre ich selbst mittendrin. Der Adrenalinkick ist wie ein Rausch. Auch wenn sich mittlerweile eine gewisse Routine eingestellt hat, ist jeder Job wie der erste Job.

Tag 150

DAS EIGENE BÜRO

Caroline:
Ich sitze auf einem gut gepolsterten Sofa und genieße diesen Augenblick der Ruhe. Ich warte auf Jörg, der schon bald diesen Raum betreten wird. Es war nicht irgendein Raum, sondern es war nun UNSER Raum. Wir haben es getan. Zeit wurde es. Herrlich! Unser eigenes Büro. Und sogar in der Innenstadt. Wir wollten nicht länger Sessions in Viktors WG machen. Das hat ihm nie besonders gefallen. Privates und Berufliches sollte getrennt bleiben. Auch das heruntergekommene Haus war keine Alternative. Wir konnten uns das nun leisten. Ich fühlte mich sicherer und auch die Kunden würden in einer intimeren Atmosphäre mehr von sich preisgeben. So auch Jörg.

Jörg ist mein persönlicher Fußassistent. Er kümmert sich wöchentlich liebevoll um meine Füße. Pedikürt sie, massiert sie, cremt sie ein. Dafür, dass er sie 30 Minuten lang pflegen darf, bezahlt er Tina 120 Euro. Er ist ein lustiger Geselle. Er spricht mit meinen Füßen. Als wären sie ein eigenständiges Lebewesen. Er nimmt sie in die Hand, riecht an ihnen und drückt sie sich ins Gesicht. Dann knuddelt er mit ihnen. Als wären sie ein kleines Kätzchen. Ich erzähle ihm, dass ich bald für zwei Wochen zum Wandern in die Berge fahre. Er fällt fast vom Hocker vor Schreck.

»Um Gottes Willen! Bitte pass auf die beiden auf! Wer kümmert sich denn dann um deine Füßchen? Na, die werden aussehen! Ich sehe es schon deutlich vor mir: Dutzende Schwielen und Blasen. Das kannst du ihnen doch nicht antun. Hui! Da muss ich eine Extraschicht einlegen, um die beiden wieder in Topform zu bringen. Am besten wäre es, ich fahre mit dir mit, damit du sie nicht zu Tode trampelst.« *Ich liebe diesen Jörg. Ich liebe dieses Büro!*

Viktor:

Es war ein kleines Büro. Eines, das man befristet mieten konnte. Wir bekamen sogar eine kleine Förderung, die für Jungunternehmer angeboten wurde. Unternehmergeist wird in diesen Tagen bei der hohen Arbeitslosigkeit unterstützt. Deshalb hängt an unserer Bürotür eine Tafel. *Future Fox Factory* steht da. Das ist der Name unserer Firma. Ein Start-Up-Unternehmen für Mobile Apps. Natürlich alles nur zum Schein. Aber Jungunternehmer sind wir ja tatsächlich. Irgendwie.

Auch die anderen Büros in der Etage wurden von kleinen Start-Up-Unternehmen gemietet.

In der Büroküche wimmelte es von Mittzwanzigern, die hippe Ideen hatten und nun dabei sind, sich in der harten Geschäftswelt durchzusetzen. Man begrüßte sich freundlich, tauschte sich aus, unterhielt sich über die Herausforderungen ein eigenes Business zu führen.

Unser Büro war ganz am Ende des Flurs. Etwas abgelegener vom Trubel. Wir hatten beim Begutachten der Räumlichkeiten darauf geachtet, dass die Wände recht dick waren. Dick genug, damit Schreie nicht nach außen dringen konnten. Das taten sie aber manchmal, wenn die Herrin Marion besonders gut drauf war.

Hinter der Eingangstüre montierte ich zusätzlich einen schweren Vorhang. Als Schalldämmung und Sichtschutz. Was man sah, wenn man den Vorhang zur Seite schob, hatte wenig mit einem Büro gemein. Es war eine Folterkammer. Das Sofa diente für die Pussy-Play- und Fußlecksessions. Ein Paravent diente als Trennwand. Dahinter stand eine breite Werkbank und darauf das Handwerkszeug für Dominas. Außerdem ein großer Schrank mit Leintüchern, Handtüchern und jede Menge Klopapier.

Den Kunden gefiel's hier, auch wenn sie sich wunderten, wenn sie das Gebäude betraten. Eine Folterkammer mitten in einem Bürogebäude. Wir waren völlig durchgeknallt.

Tag 155

TAXI DRIVER

Caroline:

Stellen Sie sich Folgendes vor: Sie fahren mit dem Taxi vom Flughafen ins Stadtzentrum zu Ihrer Wohnung. Sie kennen die Strecke in- und auswendig und so dirigieren Sie Ihren Taxilenker.

»Dort links!«

»Da nun rechts!«

»Hier rein, das ist eine Abkürzung!«

Heute ist Chris Ihr Taxifahrer. Bei jedem Ihrer Kommandos huscht ihm ein zartes Lächeln übers Gesicht. Sie sehen sein Lächeln im Rückspiegel. Was Sie nicht sehen, ist die Riesenbeule in seiner Hose. Es erregt ihn, Ihren knappen Anweisungen zu folgen. Das ist Chris' Fetisch. Er ist ein Anweisungsmasturbierer.

Bahnhof

Flanellhose, Flanellhemd. Lange blonde Haare mit Dreadlocks. *Der sieht ja aus wie ein Obdachloser!* Eine Mischung aus ausgehungertem Künstler und Hippie. *Nicht meine übliche Klientel.*

Meine Alarmglocken läuten. *So jemand kann sich den Luxus Tina leisten? Und wer weiß, ob sich so einer auch an die strikten Regeln hält? Spaß ja, berühren nein.* Bevor ich die Flucht ergreifen kann, steht er schon vor mir und streckt mir seine Hand mit einem lauten »Grüß Gott« entgegen. Wie üblich nutze ich den Weg für ein kleines Verhör.

Chris studiert seit vielen Jahren Soziologie und arbeitet nebenher als Taxifahrer. Seine Wortwahl, seine Stimme, seine Aura haben im krassen Gegensatz zu seinem Äußeren etwas Anmutiges. »Alles ist im Fluss. Der Genuss darf nie Selbstzweck sein«, schildert er mir seine Begeisterung für die sexuelle Lustgewinnung mittels Tantra-Meditation. Er glaubt an ein ausgeglichenes, bequemes Leben. Das schafft er mit geregeltem Einkommen, tantrischen Massagen und kontrollierten Masturbationssessions mit 18-jährigen Mädchen. *Mit mir!*

In unserem angemieteten Büro gibt es Umbauarbeiten. In der ganzen Etage wuselt es von Bauarbeitern. Leider. Dort fühle ich mich wesentlich wohler. Das alte Lusthaus muss hoffentlich ein letztes Mal herhalten. Dieser Ort ist mir mittlerweile peinlich.

Wir erreichen das heruntergekommene Apartment und mein Freund in Flanell überrascht mich schon wieder. Ungefragt zieht er seine Schuhe aus. Kein Kunde hat das bisher getan. Er scheint ein sehr respektvoller Mann zu sein. *Ich an seiner Stelle würde die Schuhe nicht ausziehen.* Die Wohnung und vor allem der Boden sind alles andere als sauber. Es riecht streng nach Katzenpisse. *Wohl ein Souvenir einer streunenden Katze.* Doch das kümmert ihn nicht. Barfuß begleitet er mich in das von Viktor vorbereitete Zimmer. Die Peitsche liegt einsatzbereit. Bevor ich ein Wort sagen kann, zückt er die vereinbarten 150 Euro aus seiner Tasche. *Wieder eine respektvolle und nette Geste, mir das Geld im Vorhinein zu geben.* Normalerweise läuft es nach dem »zuerst die Ware dann das Geld«-Prinzip ab. Spätestens jetzt ist klar: Sein Äußeres passt absolut nicht zu seinem Benehmen.

Obwohl er mit Sicherheit nicht der Großverdiener ist, spart er trotzdem sein mühevoll verdientes Geld an für lustvolle 45 Minuten mit Tina. *Ich bin jeden Euro wert.* Mit 150 Euro in der Tasche und einem guten Gefühl ist es endlich Zeit, an die Arbeit zu gehen. Aber First Things First. Ich schnappe meine Peitsche, um mich in die Dominarolle zu versetzen. Mit ihr in der Hand fühle ich mich selbstbewusst und überlegen.

Er sieht verschreckt aus. Ich versichere ihm, dass ich ihn nicht verletzten werde und es keine sichtbaren Spuren geben wird. Ich befehle ihm, sich komplett auszuziehen. *Mit einer Peitsche in der Hand geht das deutlich leichter.* Ohne Widerrede folgt er meinen Anweisungen. Ich betrachte wohlwollend seinen Körper. Obwohl sein Gesicht ziemlich alt und eingefallen wirkt, ist sein Körper absolut top durchtrainiert. *Muss wohl das ständige Yoga und Tai-Chi-Training sein. Der Mann hört nicht auf, mich zu überraschen.* Ein Blick nach unten. Ein wahres Ungetüm von mindestens 23 Zentimetern erschlägt mich sprichwörtlich. *Mit Sicherheit der Spitzenreiter unter den Penissen, die ich in den letzten Monaten gesehen habe.* »Willst du meinen BH sehen?« Er nickt mit sichtbarer Aufregung. »Sei geduldig und fang an zu wichsen!«, befehle ich ihm begleitet von einem Peitschenschlag.

Ich ziehe mein Shirt aus. *Sein gigantisches Glied scheint noch größer zu werden, als er zuerst meinen BH und dann meine blanken Brüste bestaunt.* Nun beginne ich mit dem Neckspielchen. Denn genau darum geht es beim »Tease and Denial«.

»Los wichs deinen Schwanz!«, befehle ich ihm. »Stop!« »Wichse!« »Stop!« Er tut, wie ihm geheißen. *So würde ich wohl nie zum Orgasmus kommen. Obwohl … wer weiß? Denn ich merke, wie mich der Gedanke dieser »Selbstgeißelung« erregt. Ich werde dieses Spielchen einmal bei mir selbst probieren.*

Während ich ihn weiter mit meinen Kommandos dirigiere, ziehe ich mein Unterhöschen aus und reiche es ihm, damit er daran riechen kann. Er inhaliert mein Aroma und packt seine pralle Eichel noch fester. Ich merke, dass er kurz vorm Kommen ist, doch die 45 Minuten sind noch nicht vorbei und es macht mir richtig Spaß, ihn noch mehr zu quälen. »Nun Finger weg von deinem Schwanz! Knie dich hin und sieh her!« Ich schnappe mir einen Sessel, stelle ihn neben ihn und platziere einen Fuß darauf. Er hat nun den perfekten Blick auf meine Muschi. Ich fange an, mit mir zu spielen.

Es muss für ihn die Hölle sein. Wenige Zentimeter vor seinem Gesicht meine wunderschöne Muschi. Doch er darf sie weder berühren noch lecken. Er streckt seine Zunge heraus, und ich merke, wie sehr er sich zurückhalten muss, mich nicht zu berühren. *Falls er mir zu nahe kommt, wird er meine Peitsche spüren – aber richtig.* Mit offenem Mund masturbiert er weiter und beobachtet, wie ich mit meinen Schamlippen spiele. »Du darfst erst kommen, nachdem deine Herrin gekommen ist!«

Vor Kunden onaniere ich anders als privat. Ich tue es so, damit sie auch einen guten Blick auf meine Vagina haben. Ich spiele nicht mit meiner Klitoris, das würde die Hauptattraktion, mein »Jungfötzchen«, verdecken. Und ich bin sehr theatralisch. Pornostyle. Mit lautem Stöhnen. In Wahrheit muss ich wirklich entspannt sein, um zum Höhepunkt zu kommen. Onanieren vor fremden Männern liegt nicht gerade in meiner Komfortzone.

Nun lege ich wirklich los und reibe mich wilder. Je lauter ich stöhne, desto heftiger atmet er. Ich komme mit einem lauten Aufschrei und zitterndem Körper. *Ja, ich kann auch das faken!* »Bist du nun bereit, abzuspritzen!?« Er nickt. »Ja, meine Herrin, mehr als bereit!« Doch ich entscheide mich, ihn noch länger zu quälen. Mein Saft tropft von meinen Fingern. Ich halte sie ihm unter die Nase. Plötzlich zuckt sein Körper, als ob er einen spastischen Anfall hätte. Ich habe noch nie jemanden so erregt gesehen, und das nur vom Sehen und Riechen, ohne jegliche Körperberührung!

Ich erlaube ihm weiter zu onanieren, während ich nun mit meinen harten Brustwarzen vor seinem Gesicht spiele. Ich kneife sie, streichle sie. Sein Körper zuckt jedes Mal, wenn ich meine Nippel berühre. Es ist, als würden meine Körperbewegungen seinen Körper kontrollieren. Eine skurrile Situation. Mein Nippel ist eine Art lebendige Fernbedienung, die nur zwei Tasten hat: Play und Pause. *Es ist Zeit für das Grande Finale.*

»Bist du bereit abzuspritzen?« »Jaaaa, meine Herrin. Jaaaa …« Fast schon wimmernd fleht er mich an. »Glaubst du wirklich, dass es so einfach ist?« Ich stoppe ihn erneut. Er sieht mich schockiert an. Er war gerade am Kommen und wieder untersage ich ihm diese Erleichterung. Seine Muskeln zucken. *Als ob er Elektroschocks bekommen würde.* Er setzt sich auf den Boden. Sein Körper ist wohl zu erschöpft, um weiterzumachen. Um meine Macht über ihn erneut zu zeigen, schlage ich ihm mit der Gerte auf seine Brust und befehle ihm nun zu kommen. Das tut er auch – mit einem Aufschrei und gewaltigem Zucken, das mich an einen weiblichen

Orgasmus erinnert. Es ist der Höhepunkt einer 40-minütigen Session. *Respekt.*

Verwundert beobachte ich, wie er selbst sein eigenes Sperma (eine gewaltige Menge) wegwischt – auch das hat vor ihm noch keiner gemacht. Bevor sich unsere Wege trennen, schenke ich ihm noch mein Höschen als Souvenir. *Warum auch nicht, das will ich sowieso nicht mehr tragen.*

»Daran zu denken, dass du nun ohne Höschen nach Hause gehst macht mich schon wieder geil«, sind seine letzten Worte, bevor er das Zimmer mit einem Lächeln verlässt. Noch heute denke ich manchmal an Mr. Taxifahrer. Nicht wenn ich in ein Taxi steige. In ganz privaten Momenten. Wenn Sie verstehen, was ich meine.

Tag 162

REALITÄTEN

Caroline:

Das Ende des Experiments naht. Ich habe mich längst zu einer vollwertigen Domina entwickelt. Zwar hat jeder Sklave seine Eigenheiten und jede Session läuft immer ein bisschen anders ab, aber ich bin müde geworden. Müde von der Routine. Ich genieße es zwar auch, aber es ist nicht mein Fetisch und ich tue es nicht zum Vergnügen. Für mich ist es ein Job, eine Rolle, in die ich schlüpfe. Ich arbeite fast nur mehr mit Sklaven. Bin in einer Dauerschleife. Es fällt mir immer schwerer diese zwei Welten zu trennen. Manchmal habe ich Angst, den Bezug zur Realität komplett zu verlieren. Das Wort »extrem« verliert immer mehr an Bedeutung. Nichts ist mehr extrem für mich.

In einem Moment schlage ich einen Menschen, erniedrige ihn, spucke ihn an. Eine Stunde später soll ich das süße, unschuldige Mädchen für meinen Freund sein. Ihn umarmen, liebkosen, Nettigkeiten austauschen. Das fällt mir manchmal schwer. Nicht weil ich diese Gefühle nicht hätte. Aber ich brauche eine gewissen zeitlichen Abstand von den Sessions. Um wieder abzukühlen. Mich zu kalibrieren. Mich von meiner Dominarolle zu distanzieren und nicht Gefahr zu laufen, ihn auch so zu behandeln. Mit herrischem Ton. Das passiert manchmal. Ich schnauze ihn an, gebe ihm harsche Befehle. Ich bin diese Umgangsart gewohnt. Und ich bin es gewohnt, dass meinen Wünschen ohne Widerrede Folge geleistet wird und dass ich alles entscheide. Das passt ihm natürlich gar nicht und wir haben oft Streit deswegen. Im Bett hat sich aber nichts geändert. Hier genieße ich immer noch meinen Blümchensex. *Wobei er gerne meinen Hintern etwas härter anfassen dürfte.*

Tag 168

DIE PRAKTIKANTIN LYNETTE

Caroline:
Ich bin mit meiner 23-jährigen Arbeitskollegin Lynette schwimmen. Sie kommt aus Brasilien und ist Praktikantin in der Rechtsanwaltskanzlei, bei der ich arbeite. Doch leider nicht mehr lange, denn in einem Monat wird sie das Land wieder verlassen. Ich finde das sehr schade, weil sie in den letzten Wochen eine enge Freundin geworden ist und wir uns immer mehr und mehr Persönliches erzählen.

Aber eben nicht alles. Den Drang, sich mit jemanden auszutauschen, der nicht Viktor ist, habe ich schon lange. Mit niemanden sprechen zu dürfen, war eines der schwierigsten Dinge in den letzten Monaten. Eine Qual. Ich bin wie ein Kessel, der kurz vorm Explodieren ist. Das tägliche Festhalten des Erlebten hilft, sonst würden mich diese ganzen Erfahrungen auffressen. Aber ich muss endlich mit jemandem reden.

»Ich muss dir etwas erzählen, aber nur unter der Voraussetzung, dass du mich nicht verurteilst, bis du die ganze Geschichte kennst, und du musst mir versprechen, es niemandem zu erzählen.« Ich fange mit dem eher Harmlosen an: »Wenn ich Höschen sage, meine ich nicht frisch aus der Waschmaschine, sondern getragene Höschen.« Ihre erste Reaktion: »Wow, welch geile Idee!«

Das hatte ich nicht erwartet. Ich hatte Angst, verurteilt zu werden. Aber Lynette ist total begeistert und will unbedingt mehr wissen. Da sie das Ganze so gut aufnimmt, erzähle ich ihr den Rest. Die Natursekt-Sessions irritieren sie schon etwas. Aber sie ist auch beeindruckt, dass ich das durchgezogen habe. Es ist eine große Erleichterung, meine Erlebnisse mit jemandem zu teilen.

Wir verlassen das Bad und verabschieden uns bei der Bushaltestelle. »Eine Frage noch, Caroline. Glaubst du, ich könnte das auch probieren?« »Warum nicht?« Ich bin zwar jetzt zwei Wochen weg, aber wenn du magst, kann Viktor für dich Jobs organisieren. Jetzt bist du nicht nur in der Kanzlei die Praktikantin«, schmunzle ich.

Tag 180

EINE ÄRA GEHT ZU ENDE

Viktor:
180 Tage sind vergangen! Es ist der letzte Tag unseres Experiments und wir haben noch einen letzten Job. Caroline ist zurück aus dem Urlaub und freut sich richtig auf die letzte Performance.

Es soll etwas ganz Besonderes werden. Eine doppelte Dominasession gemeinsam mit Lynette. Für unseren Lieblingssklaven. Die Zofe Julia, der Bankangestellte mit Damenunterwäschefaible. Sie erinnern sich? Er war uns so richtig ans Herz gewachsen. Nicht nur, dass er jede Aufgabe, die wir ihm erteilten, mit absoluter Perfektion erledigte. Nein. Er war Teil unseres Experiments vom Anfang bis zum Schluss. Andere Kunden kamen und gingen. Die Zofe blieb.

Caroline:
Gemeinsam mit Lynette stehe ich vor einer fremden Wohnung. Das war Zofe Julias Idee. Ein Freund von ihm war auf Urlaub und er wollte unbedingt diese Wohnung für die Session nutzen. Warum auch nicht? Ich vertraue ihm und ich bin gespannt, was mich er-

wartet. Ich klopfe dreimal. Wie abgemacht. Er öffnet uns die Tür. Seine Hände zittern. Er war immer ein bisschen nervös bei unseren Treffen. *Ich bin es nicht. Zumindest nicht mehr.*

Wir betreten die Wohnung. Lynette wortlos neben mir, wie vereinbart. Sie ist meine Assistentin. Mein ausführendes Organ des Schmerzes. Auch sie ist nervös, das sehe ich ihr deutlich an. *Ich kann es nachvollziehen.* Ich sehe mich in der Wohnung um. Schön, gepflegt, sauber. Könnte auch die Wohnung einer Pfarrersköchin sein. Nichts Besonderes. Ich bin etwas enttäuscht. Doch dann geht es weiter ins Schlafzimmer. Zofe Julia öffnet die Pforten seines Paradieses. Ich komme aus dem Staunen nicht mehr heraus. Das war kein Schlafzimmer, es war ein Sexmuseum mit Dutzenden Exponaten sadistischer Accessoires, geordnet in großen Regalen. Sogar die Wände sind geschmückt.

Knebelinstrumente, Peitschen mit Gummisträngen, Bambusstäbe, alle Arten von Fesseln, Ketten und Leinen, Masken und bizarre Instrumente, vieles davon kann ich nicht einmal richtig einordnen, ist aber wohl perfekt geeignet, um eine Session noch kreativer und schmerzvoller zu gestalten. In der Mitte steht ein großes Bett (das mit seinen Metallstreben bestens geeignet ist, um jemanden anzuketten), daneben stehen mehrere geöffnete Koffer. Auch sie sind mit Sextoys gefüllt.

Ich stolziere durch das Zimmer und begutachte die Toys und tue so, als hätte ich eine Ahnung, was ich da in der Hand habe. »Deine Herrin ist beeindruckt!« Er lächelt. Man muss immer dominant bleiben, auch wenn man nichts weiß. Das ist das Geheimnis. Ich greife nach etwas, das ich kenne und das mir mittlerweile sehr vertraut ist. Eine Peitsche. *Showtime.*

»Zieh dich aus, du dumme Hure, und stell dich zur Wand!«, schreie ich ihn an. »Es gibt nichts zu lächeln für dich!« Während ich ihn weiter beschimpfe, weise ich Lynette an, seine Hände hinter seinem Rücken zu knebeln. Sie wirkt geschockt. Kein Wunder, sie hat mich noch nie so sprechen hören. Ich versuche sie zu pushen. »Los Lynette! Dieser Sklave muss ordentlich erzogen werden.« Sie braucht ein paar Versuche, seine Hände ordentlich zu fesseln, aber es gelingt.

Jetzt ist er uns ausgeliefert. Eine willenlose Puppe und unzählige Instrumente, die ich nur allzu gerne ausprobieren möchte. Ich mustere das Equipment und sehe einen Ballknebel. *Das muss witzig sein.* Lynette fixiert dieses Ding in seinem Gesicht. »Nun preise dein Göttin und sage ihr, wie großzügig sie zu dir ist!« Ich muss wohl nicht anmerken, dass es unmöglich ist, mit diesem Knebel einen vernünftigen Satz zu sagen. Er versucht es dennoch.

»Sprich deutlicher, du Tier!« Ich schlage ihn ins Gesicht. Er versucht es erneut. Umso mehr er stammelt, desto härter schlage ich ihn. Doch er probiert es immer und immer wieder und bei jeder Worthülse bekommt er einen erneuten Schlag mit meiner Gerte, oder ich quetschte seine Nippel mit sogenannten Nippelsqueezers. Lynette beobachtet mich nur, analysiert. Sie wirkt paralysiert. Doch plötzlich greift sie zu dem Bambusstab und fängt an, seinen Rücken zu bearbeiten. Zuerst schlägt sie ihn sehr vorsichtig, verhalten. Aber mit jedem Schlag bekommt sie mehr Mut, härter zuzuschlagen.

Jetzt zieht sie ihm einen String und BH an. »Er sieht aus wie ein kleines Mädchen, das gefällt mir.«

Lynette war ein Naturtalent. In ihr muss schon lange eine wahre Domina schlummern.

Nun lasse ich ihn auf die Knie gehen, seine Beine weit auseinanderspreizend, so dass ich ihn mit voller Wucht in die Eier treten kann. Das hatte er sich immer wieder von seiner Domina gewünscht, und nun war die letzte Möglichkeit, ihm diesen Wunsch zu erfüllen. Aber ich muss mich überwinden. In meiner Rolle als Domina musste ich so manchen Kunden hart schlagen. Ins Gesicht oder auf den Rücken mit der Peitsche. Aber jemanden in die Weichteile zu treten, das ist schon etwas anderes. Der Schmerz muss unerträglich sein.

Ich nehme Anlauf, doch mein erster Versuch scheitert kläglich. Ich nehme zu wenig Schwung, rutsche aus und falle auf meinen Arsch. *Peinlich.* Aber dieses Missgeschick darf meine Autorität nicht untergraben und so probiere ich es gleich noch einmal. Dieses Mal nehme ich mehr Schwung. Mit meinem Bein hole ich weit aus und diesmal treffe ich voll. Er sieht mich an. Eine stoische Ruhe in seinem Gesicht, aber in seinen Augenwinkeln bilden sich Tränen. Er erträgt alle Demütigungen mit Würde und Demut.

Dabei sieht er so fragil und schwach aus. Ich habe Angst, beim nächsten Schlag wird er komplett zerbrechen und sich weinend krümmen vor mir. Aber je öfter wir uns trafen, desto mehr war ich beeindruckt und verwundert, dass ein so schmächtiger kleiner Mann dermaßen viele Schmerzen ertragen kann. Er hat auch nie das Sicherheitswort benutzt, um die Session abzubrechen. Aber ich sollte nicht darüber nachdenken. Es ist sein Wusch, er bezahlt mich dafür. Der Schmerz ist sein Freund, und ich werde versuchen, mich selbst noch einmal zu toppen. Wir setzen unsere Foltertour fort. Ich fühle mich wie ein Peiniger im Mittelalter, der einen unschuldigen Delinquenten solange quält, bis er ein Geständnis ablegt.

Nun befehle ich ihm, seinen Schwanz zu wichsen. Das ist erste Mal, dass ich ihm das erlaube. Ich starte meinen Countdown. Eine »Abspritzvariante«, die ich im letzten Monat entwickelt habe. Ich fange bei Neun an:

Neun! Der biegsame Bambus klatscht zwischen seine Beine.
Acht! Ich ziehe an den Nippelquetschen.
Sieben! Lynette peitscht seinen Rücken und Arsch.
Sechs! Ich stecke meinen Fuß in seinen Mund.
Fünf! Wieder ein Schlag in seinen Schritt.
Vier! Ich befehle ihm, mich anzubetteln. »Brrrll Hhhrrr«, murmelt er mit dem Ball im Mund.
Drei! Ich spucke und schlage ihm ins Gesicht.
Zwei! Ich streichle seinen harten Schwanz mit meinen Füßen.
Eins! Ich quetsche seine Hoden mit meinen Füßen.
Null! Er spritzt ab und bleibt einige Minuten völlig erschöpft am Boden liegen.

Ich muss gestehen, diesmal habe ich mich selbst als Domina übertroffen, Lynette hat mir dabei maßgeblich geholfen. Wir waren in einem Rausch der Gewalt. Nicht nur, dass ich verbal extrem beleidigend war. Ich hatte außerdem zum ersten Mal ein so großes Equipment zur Verfügung und das setzte ich auch ein, um ihm Höllenschmerzen und Qualen zu ermöglichen. Gut, dass dies der letzte Tag ist. Manchmal habe ich Angst, dass ich es mehr genieße, ihn zu foltern, als er den Schmerz genießt. Wir verlassen die Wohnung.

Lynette ist euphorisch. »Wahnsinn, das wir das wirklich getan haben.« Sie ist überglücklich und kann es noch gar nicht fassen.

»Wow, das hat richtig Spaß gemacht. Ich war ein anderer Mensch. Das werde ich mein Leben lang nicht vergessen. Und so viel Geld auf einmal!« Sie kann kaum aufhören, über das Geschehene zu sprechen. So begeistert ist sie.

Für mich ist es anders. Ich bin vollkommen ruhig und gelassen. Als ob ich eine Maske abgenommen hätte und wieder ich selbst bin. Das Experiment ist zu Ende.

EPILOG

Viktor:

Ein Monat ist vergangen seit dem Ende des Experiments. Ich öffne den E-Mail-Account von Tinahäschen. Der Posteingang ist übervoll. Ich lese manche Nachrichten aus Interesse. Viele Kunden wundern sich, was passiert ist. Wo ist Tina abgeblieben? Von einem Tag auf den anderen war das Experiment zu Ende. Wir hatten dieses Ende nicht angekündigt. So wie wir aus dem Nichts erschienen waren, so waren wir auch wieder verschwunden. Dabei hatten sich viele Beziehungen aufgebaut, so seltsam es klingen mag. Ich lese weitere Mails, doch keine Nachricht von der Zofe Julia! Ich war etwas enttäuscht. Hatte ihm die letzte Session nicht gefallen?
Doch da … der vertraute Name.

Gesendet: [redacted]
Von: »Zofe« < [redacted] >
An: Tina.haeschen97@gmx.at
Betreff: **Treffen…**

Sehr verehrte Herrin Tina!
Die letzte Session war unglaublich. Ein Traum, und ich danke meiner Göttin, dass sie sich so um mich kümmert. Aber … meine Freundin hat gemerkt, dass ich etwas hinter ihrem Rücken betreibe. Deshalb hat sie mir gestern meine Bankkarte abgenommen, und ich muss jetzt immer um Geld bitten. Auch auf das neue Monatsgehalt kann ich nicht mehr zugreifen. Damit kann ich mir leider keine weiteren Treffen mehr leisten.
Es tut mir sehr leid, dass ich eine einzige Enttäuschung bin.
In Demut,
Zofe Julia

Ich durchforste weitere E-Mails und entdecke ein letztes Lebenszeichen von ihm.

Gesendet: [redacted]
Von: »Zofe« <[redacted]>
An: Tina.haeschen97@gmx.at
Betreff: **Enttäuschung**

Sehr geehrte Herrin Tina!
Meine Freundin hat jetzt komplett die Kontrolle übernommen. Sie kontrolliert mein Konto, meine Bankkarte und meine Kreditkarte. Da sie mir nicht vertraut, wird sie das auch noch die nächsten Monate tun. Hat Sie mir jetzt gesagt.
Es tut mir sehr leid, aber ich sehe momentan keinen Ausweg. Alle meine Gelder sind gesperrt.
Ich bin eine einzige Enttäuschung für Sie. Ich bitte vielmals um Entschuldigung und werde Sie immer vermissen.
In Demut,
Zofe Julia

Diese Nachrichten besiegeln das Ende von unserem bittersüßen Verhältnis mit der Zofe Julia. Seine rührenden Worte bewegen uns. Es ist schön, vermisst zu werden. Viele andere Fetischisten schrieben Ähnliches. Sie vermissen Tinas Füße, ihren Urin und ihre Peitsche. Aber nicht nur das, sie vermissen Tinas Persönlichkeit, die vielen Gespräche und ihr Interesse an der Person hinter dem Fetisch. Sie konnten sich ganz ungezwungen mit ihr austauschen. Es war ein Verhältnis, das weit über eine Dienstleistung hinausging.

NACHWORT CAROLINE

Ich sitze im Büro der Personalabteilung eines großen Medienunternehmens. Vor mir ein Mann in Nadelstreifanzug. Meine Bewerbungsunterlagen liegen vor ihm, doch er sieht nur beiläufig darauf. Stattdessen stellt er Fragen wie: »Wo sehen Sie sich in fünf Jahren?«, »Sind Sie ein Teamplayer?«, »Was sind Ihre drei stärksten Eigenschaften?« Eben die typischen unoriginellen Fragen bei einem Bewerbungsgespräch.

Früher hasste ich solche Situationen. Ich war nervös und unsicher und analysierte im Nachhinein jede meiner Antworten tausendmal. Früher! Heute weiß ich, dass es keine Rolle spielt, wie viele Praktika ich vorweisen kann oder wie gut meine Noten sind. Das unterscheidet mich nicht von meinen Mitbewerbern. Wichtig ist ein selbstbewusstes Auftreten. Sein Ziel nicht aus den Augen zu verlieren und es konsequent zu verfolgen.

Das Gespräch ist zu Ende. Er reicht mir die Hand und lächelt mich an. »Wir melden uns. Danke.« Ich sehe ihn an und stelle mir vor, wie er vor mir kniet, nur mit einem Stringtanga bekleidet, und meine Stiefel leckt. »Natürlich werden Sie das«, schmunzle ich zurück. Ich strotze vor Selbstvertrauen.

Ich weiß, wenn ich diesen Job nicht bekomme, bekomme ich einen anderen.

Sechs Monate sind seit Ende des Experiments vergangen und ich bin immer noch Caroline Sieling, aber mit Sicherheit nicht mehr die gleiche Person. Ich bin reifer und selbstbewusster geworden. Vor allem bei Stresssituationen merke ich, wie ruhig ich bleibe. Ich habe ein selbstsicheres Auftreten und gehe gelassen an die Dinge heran. Ich habe Dinge getan, die ich mir vor einem Jahr in meinen kühnsten Träumen nicht hätte vorstellen können. Wenn ich heute das Tagebuch des Experiments lese, bin ich selbst überrascht, was ich alles getan habe. Wie leicht es mir gefallen ist, immer weiter zu gehen. Gleichzeitig habe ich viel gelernt: dass es Begierden gibt, die ich nicht verstehen kann und die nicht in gesellschaftliche Normen passen; die dennoch gelebt werden und das zu Recht. Ich habe Respekt vor Fetischisten. Sie leben ihre Wünsche, ihre Lust aus und wissen genau, was sie wollen. Sie haben etwas Spezielles, das sie einzigartig macht.

Ein Fetisch ist für mich eine Vorliebe, die mit sehr vielen Emotionen verknüpft ist. Mit dem man sich identifiziert (auch wenn das nicht bei jedem so ist). Der Fetisch ist ein Teil dieser Menschen. Er zeichnet sie aus. Manche dieser Menschen sind stolz auf ihren Fetisch. Andere sehen ihn als Problem oder schämen sich für ihre Neigungen. Sie leben ihren Fetisch heimlich. Sie verstecken ihn vor ihren Freunden, ihrer Familie und vor ihren Partnern aus Angst vor den Konsequenzen. Es bleiben kaum Möglichkeiten, sich mit jemandem darüber auszutauschen, ohne als verrückt oder abnormal abgestempelt zu werden. Sie müssen oftmals ein Doppelleben führen.

Manche Partner wollen sich auch nicht damit beschäftigen. Es gab viele Kunden, die ihren Fetisch ihrer Partnerin gestanden haben. Die meisten reagierten mit Abneigung: »Nicht mit mir.« Und das Thema war beendet. Kein Wunder, dass diese Männer ihren Fetisch woanders ausleben. Doch meistens kommt es gar nicht zur Aussprache, die Angst verurteilt zu werden ist meist zu groß. Fetischisten leben in zwei Wirklichkeiten: das Familienleben und das Fetischleben.

Natürlich hat alles zwei Seiten und ich weiß, dass die Partnerin eines Fetischisten es auch nicht einfach hat, wenn sie plötzlich von seinen besonderen Vorlieben erfährt. Wie kann man dieses Problem überwinden? Ich weiß es auch nicht, aber vielleicht ist es das Beste, es einfach zu probieren. Irgendwie kann man immer ein Arrangement oder einen Kompromiss finden. Das Wichtigste ist wohl, dass man miteinander spricht. Ein schönes Beispiel ist Bernhard. Ein 28-jähriger Informatiker. Er war sehr stolz auf seinen Fußfetisch und wir trafen uns regelmäßig.

»Ich weiß dass das nicht alle akzeptieren, deshalb muss ich das nicht hinausposaunen, aber wenn ich eine Frau kennenlerne, dann werde ich ihr davon auf jeden Fall so bald wie möglich erzählen. Das ist ein Teil von mir, und ich kann nur mit jemandem glücklich sein, der auch meinen Fetisch teilen oder akzeptieren kann. Dann passen wir wirklich zusammen. Ich will niemanden zwingen, das auszuleben,

deshalb suche ich so lange, bis ich jemanden finde, der das toleriert oder sogar mag.«

Ich fand seine Worte sehr erfrischend. So sollte man mit seinem Fetisch umgehen.

Wenige Wochen später meldete er sich erneut, um Tina für die schöne Zeit zu danken und um sich zu verabschieden. Er hat eine Frau gefunden, mit der er über alles sprechen kann.

Ich bin froh, dass ich dieses Experiment gewagt habe, ich bin aber auch froh, dass es vorbei ist. Jedes Treffen war ein Stück von Angst begleitet. Es gab zwar keinen einzigen Vorfall in all den sechs Monaten, aber ein gewisses Risiko gab es natürlich immer. Und wie schnell man in einen Sog kommt, habe ich ebenso gemerkt. Wie schnell man in dieses Milieu hineinrutscht und wie leicht es wird, Dinge zu tun, die vor dem Experiment völlig unmöglich erschienen.

Doch das Stressigste war das Doppelleben. Das tägliche Leben, Arbeit, Freund, Familie, Freunde mit dem Fetischexperiment zu kombinieren. Die vielen Lügen, vor allem gegenüber meinem Partner, haben mich sehr belastet. Ich bereue es, dass ich nie mit ihm darüber gesprochen habe. Ich habe dieselben Fehler gemacht wie viele Fetischisten. Doch ich hatte zu viel Angst. Er weiß es bis heute nicht und wir sind noch immer zusammen. Doch sollte er mir jemals einen Fetisch gestehen, werde ich wohl darüber lächeln und ihm sagen. »Schatz, keine Sorge, das kriegen wir schon hin.«

Den Job hab ich übrigens bekommen ;)

NACHWORT VIKTOR

Nach über 10 000 Mails, Hunderten Seiten Notizen und Dutzenden Stunden an Sprachaufnahmen war unsere journalistische Reise zu Ende. Tinahäschen und Herrin Marion gibt es nicht mehr. Kein Büro, kein Stress, kein Unbehagen. Aber auch kein Abenteuer, kein Adrenalin. Das Leben wurde wieder normal. Ein Leben ohne Fetisch.

Ein Fetisch ist für mich nichts Ungewöhnliches mehr. Fetischisten sind Menschen wie du und ich, die eben einer speziellen Spielart der Sexualität anhängen. Solange sie nicht anderen Menschen, Lebewesen oder sich selbst schaden oder etwas Illegales tun, sollte sie niemand verurteilen. Ich habe den Eindruck, dass das Thema Fetisch in den Medien und der Gesellschaft meist als abartig oder pervers dargestellt, nicht ernst genommen oder ins Lächerliche gezogen wird. Amerikanische Sitcoms etwa sind voll davon. Nach dem Experiment sehe ich durch einen geschärften Blick ständig Anspielungen. Ob *How I Met Your Mother*, *Two and a Half Men*, oder *The Big Bang Theory*. Es wäre schön, wenn dieses Buch einen kleinen Beitrag dazu leistet, dass man ein bisschen offener wird und diese Menschen nicht von Anfang an verurteilt oder sich über sie lustig macht.

Was bleibt zu sagen, außer dass ich den Rechtsstreit finanzieren und erfolgreich beenden konnte? Mein Theaterprojekt hat wieder Fahrt aufgenommen und wer weiß, vielleicht hilft ja dieses Buch, eine neue Karriere im journalistischen Bereich zu starten Ich werde dieses Abenteuer mit Sicherheit bis an mein Lebensende nicht vergessen, und wenn ich das nächste Mal in geselliger Runde in einer Bar sitze und das Thema Fetisch zur Sprache kommt, werde ich bestimmt nicht stumm bleiben. Denn ich könnte euch Geschichten erzählen …

Die Top 10 der **verrücktesten Fetische**

Egal wie ausgefallen ein Fetisch sein mag, allein ist man damit nie!

anonymer User in einem Fetischforum

Im Laufe unserer 6-monatigen Reise durch die wunderlich verrückte Welt des Fetischs bekamen wir so manche sonderbare Anfrage. Wünsche, die so außergewöhnlich waren, dass wir sie »Fetisch des Tages« nannten. Die Top Ten stellen wir Ihnen in diesem Kapitel vor, dazu gibt's unsere Kommentare. Natürlich versuchten wir auch diese Wünsche zu erfüllen, doch nicht alle waren möglich …

Nummer 10

LIPPENSTIFT

Gesendet: [redacted]
Von: »Casanova« <[redacted]>
An: Tina.haeschen97@gmx.at
Betreff: **Peinlich…**

Ciao Tina,
Ich hätte eine Frage an dich … Tja, ist kein arger Fetisch, aber es ist mir peinlich!!! Steh total auf Frauen mit Lippenstift (rot usw.). Da bin ich sofort geil!
Würde es mir so vorstellen: Du sitzt auf einem Sessel und schminkst dir die Lippen und raubst mir dadurch so richtig den Verstand :) …
Du lachst sicher schon :D
Was meinst du? Klar gibt's auch TG :)
Dein Casanova

Anmerkung Caroline:

Das machte mal wirklich Spaß und ich finde diesen Fetisch eigentlich süß und komplett harmlos. Ich verstehe nicht, warum er sich schämt. Richtig schön im Vergleich zu manch anderen. Immer wieder gerne.

Anmerkung Viktor:
Kann ich nachvollziehen. Sind ja auch schön anzusehen, so rote Lippen. Zahlreiche Geschichten für Lippenstiftfans findet man übrigens unter: lipstickdomme.com (»Goddess Lycia understands your Lipstick Fetish«) oder lipstickfetish.org.

Nummer 9

FUSSNÄGEL UND TAMPONS

Gesendet: [redacted]
Von: »Mister_Mister <[redacted]>
An: Tina.haeschen97@gmx.at
Betreff: **Fußnägel**

Hey, ne Frage :-)
Wir treffen uns, du schneidest dir selbst deine Fußnägel, gibst sie mir. Ich gebe dir 20€, und geh wieder. Wär das okay?
20€ sind nicht viel, aber es sind nur abgeschnittene Nägel, also Geld für nichts ^^
Lg :-)

Gesendet: [redacted]
Von: »Das_Doktorchen« <[redacted]>
An: Tina.haeschen97@gmx.at
Betreff: **Anfrage**

Guten Abend
Ich würde gerne einen von Ihnen in der Regel getragenen Tampon beziehen. Wäre das möglich? Und wenn ja, was kostet er und wo darf ich ihn übernehmen?

Anmerkung Caroline:
Ekelhaft, aber leicht verdientes Geld.

Anmerkung Viktor:
Cool! Mal was anderes und leicht verdientes Geld.

Nummer 8

DER PENISKÄFIG

Gesendet: [redacted]
Von: »Heinrich« <[redacted]>
An: Tina.haeschen97@web.de
Betreff: **Sperr ihn ein…**

Hallo Tina,
ich bin ein 33-jähriger, großer, attraktiver und sympathischer Mann und verrückt nach schönen Füßen & getragener Wäsche. Sehr gerne lebe ich auch meine devote Ader bei einer jungen, hübschen und intelligenten Frau, die genau weiß, was sie will, aus. Deswegen frage ich mich, wie wir ein Treffen gestalten könnten und wie ich all das kombinieren kann. Zum Beispiel:
Wir treffen uns in der Stadt, und gehen Schuhe kaufen. Also, wenn du auf Schuhe so stehst wie ich :-). Du suchst aus, ich zahle. Dann gehen wir auf einen Kaffee und unterhalten uns ein bisschen, dann verschwinden wir kurz aufs WC und du legst mir meinen Keuschheitskäfig an und nimmst den Schlüssel an dich.

Während wir shoppen, teased du mich immer wieder mit deinen Füßen, Händen. Du weißt, dass mein Schwanz eingesperrt ist und du weißt, dass mich deine Neckereien anturnen. Mein eingesperrter Schwanz kann aber nicht hart werden, also drückt er gegen den Käfig und ich vergehe in Verlangen nach der Befreiung und Erlösung. Erlöst wird er aber erst, wenn ich dir gekauft habe, was dein Herz begehrt (wir sollten uns schon ein Limit vorher ausmachen ;-)).

Nach dem Shoppen, wieder in einem WC eines Cafés, sperrst du den Käfig wieder auf, ziehst dein Höschen aus und reibst es mir in mein Gesicht. Ich darf jetzt vor dir auf dein Höschen kommen und bekomme endlich meinen hart ersehnten Orgasmus. Dein Spiel mit mir ist aber noch nicht vorbei, immerhin musstest du mir zusehen, wie ich dein Höschen vollgesaut habe, und das kann nicht ohne Strafe bleiben. Also zwingst du mich, dein Höschen jetzt wieder sauber zu lecken! Danach verabschieden wir uns und gehen getrennte Wege.
Zeit 1–2h?

Ich hoffe, ich konnte in meinen Beispielen beschreiben/erklären, was ich gerne anstellen würde, bzw. in welche Richtung es gehen sollte. Wenn der Ablauf für dich nicht in Frage kommt, schreib mir bitte einfach was geht/ginge und was nicht, und ich überleg mir, wie wir das verpacken könnten! Ach ja, und bitte sag mir, was du dir wofür an TG vorstellst!
Danke dir!
LG Heinrich

Anmerkung Caroline:

Es war auf jeden Fall interessant. Heinrich hatte eine sehr genaue Vorstellung, wie das Treffen ablaufen sollte. Aber es war uns zu aufwendig und zu kompliziert. Unsere Jobs waren knapp kalkuliert. Aufträge, die mehrere Stunden dauern und zu umfangreich waren, waren zeitlich leider nicht machbar.

Anmerkung Viktor:

Hatte ich auch vorher noch nie gesehen und gehört. Ich hab mir ein paar Bilder von Peniskäfigen im Internet angesehen. Sieht aus wie ein moderner Keuschheitsgürtel mit Vorhängeschloss. Witzig, aber auch etwas furchterregend. Mit diesem Gerät ist es unmöglich, eine Erektion zu bekommen. Aber wäre sicher mal interessant, so was zu probieren.

Nummer 7

DOKTORSPIELE

Gesendet: [redacted]
Von: »Das_Doktorchen« <[redacted]>
An: Tina.haeschen97@gmx.at
Betreff: Doktorspiele

Hallo du Häschen :)
Ich kann mit niemandem drüber sprechen, aber hier mit jemand Fremdem redet sich's doch einfacher über meine speziellen Fetische.

Ich habe einen Doktorfetisch … Also ich habe da viele Fantasien und mich interessieren/faszinieren alle Facetten dieser Thematik, solange es nicht zu hart wird. Also Nadeln, Katheter, fesseln oder so lehne ich ab, das erregt mich weder in der Fantasie, noch in einem Rollenspiel. Viel lieber sind mir einfach normale Untersuchungen, also alles ohne Schmerzen und ohne Risiko, einfach das Ansehen und Abtasten eines weiblichen Körpers.

Ich kann nicht genau beschreiben, was mich daran so fasziniert, es ist irgendwie die gewisse Autorität, das Spiel mit dem Schamgefühl, die Berührungen am ganzen Körper, …
Ich habe in meiner Jugend schon Ärzte beneidet, die ein hübsches Mädl untersuchen durften. Auch wenn's für die nur ein Job war, ich habe oft dran gedacht. Ich mag es auch, selbst ein Patient zu sein, solange ich von einer Frau untersucht werde … solltest du also mal Lust in diese Richtung haben, darfst mich auch ansehen, abtasten oder machen, wonach dir eben ist.

Jetzt ist's schwer, den Kontext zwischen deinem Angebot und meinen Vorlieben herzustellen :) Es ist so, dass ich getragene Höschen allgemein sehr geil finde, habe auch welche daheim (also nicht nur eigene) :D Natürlich habe ich mir überlegt, wie ich das am besten verbinden kann … spontan fällt mir da eben ein, ein Höschen zu kaufen, welches ein Mädl bei einem Arztbesuch getragen hat.

Aber erfahrungsgemäß funktioniert das nicht gut. Ich mag's nicht, wenn mir Frauen dann einreden, dass sie sowieso zufällig am nächsten Tag einen Arzttermin haben und mich anlügen. Da ist's mir lieber, einfach so ein Höschen zu kaufen ohne die Arztgeschichte, dafür ehrlich. Wenn sich's ergibt, dass sie es beim Arzt trägt, ist's natürlich toll und für mich auch reizvoller – hab da auch kein Problem, wenn ich ein Weilchen warten muss und würde mir da auch Beweisfotos wünschen :)

Was auch nett wäre, sind Höschen, die ein Mädl schon mal bei einer Untersuchung getragen hat … beim Gynäkologen zieht man's ja sowieso aus. Interessant für mich wären da auch Untersuchungen, wo sie das Höschen getragen und der Arzt/die Ärztin es auch gesehen hat.
Hast du in nächster Zeit eine Untersuchung, wo du in Unterwäsche vor einem Arzt /einer Ärztin stehen wirst? Wann gehst wieder zum Gyn?

Bin da leider etwas spät dran, habe gesehen, dass du Schülerin warst – gab's bei euch auch noch diese Schuluntersuchungen? Wie weit musstest du dich da ausziehen vor einem Arzt? Oder einer Ärztin? Weißt du noch, welches Höschen du damals anhattest? So, fürs erste hab ich mir mal die Finger wund geschrieben :D
Freu mich auf Antwort.
Bussal vom Doktorchen

Anmerkung Caroline:

Das ging natürlich gar nicht. Schon die Untersuchungen beim Frauenarzt fand ich immer schrecklich. Das ganze Ambiente und dabei keine Kontrolle zu haben, das war mir zu viel. Wir haben ihm dennoch ein Höschen verkauft. Eines, das ich beim Frauenarztbesuch trug. Ich schickte ihm ein Foto von der Praxis. Das wollte er haben. So kamen wir doch noch auf einen Deal.

Anmerkung Viktor:

Doktorspiele werden in der Szene auch »Kliniksex« oder »Weiße Erotik« bezeichnet. Den Reiz daran kann ich durchaus nachvollziehen. Auch hier gibt es zahlreiche Ausprägungen und Spielarten, wobei medizinische Geräte zum Einsatz kommen. In den Rollenspielen geht es um Kontrollverlust, Unterwerfung oder Ausübung von Macht (»Götter in Weiß«). Klinikerotik ist ein sehr populärer Fetisch. Es gibt sogar ein Fachmagazin für die Freunde der Klinikerotik mit dem Namen »White Rooms«.

Nummer 6

LEBENDIGE TOILETTE

Gesendet: [redacted]
Von: »Hannibal« <[redacted]>
An: Tina.haeschen97@web.de
Betreff: **Alles muss rein!**

Sehr verehrte Dame,
ich bin eine unbenutzte Toilette und würde gerne von Ihnen in Betrieb genommen werden. Ich bin ein ganz ansehnliches Modell, wohlproportioniert, 32 Jahre alt – bisher jedoch unbenutzt. Ich suche auf diesem Wege eine Besitzerin, die mich regelmäßig benutzt. Wahrscheinlich brauche ich eine kleine Anlaufphase, um meine Dienste zu Ihrer Zufriedenheit zu erfüllen. Mit ein wenig Nachdruck Ihrerseits sollte das aber machbar sein. In die Toilette gehört jedenfalls das, was normalerweise in einer Toilette so landet: Urin, Fäkalien, Erbrochenes, Spucke etc.
Ich freue mich darauf, Ihnen als Toilette dienen zu dürfen.
Hannibal

Anmerkung Caroline:
Ich benutzte Hannibal zwar nicht als lebende Toilette, dennoch konnten wir eine Vereinbarung mit ihm treffen. Er kaufte einmal frisch abgefüllten Urin in Flaschen und Kot (»Kaviar« wie es in der Szene heißt) abgepackt in Tupperware.

Anmerkung Viktor:
Definitiv nichts für mich. Ich hab mal nachgelesen und Folgendes gefunden: Saliromanie bezeichnet eine sexuelle Präferenz, bei der es darum geht, aktiv oder passiv Personen zu beschmutzen. Beschmutzung löst dabei sexuelle Erregung und Befriedigung aus. Leicht saliromanische Handlungen sind weit verbreitet, insbesondere in Kulturen, in denen besonderer Wert auf Hygiene und Sauberkeit gelegt und das Beschmutzen mit dem Bruch einer Norm verbunden ist. Hingegen wird mit dem Begriff Koprophilie der sexuelle Lustgewinn durch menschlichen Kot bezeichnet.

Nummer 5

IN DIE HODEN TRETEN

Gesendet: [redacted]
Von: »Painboy« <[redacted]>
An: Tina.haeschen97@web.de
Betreff: In die Eier treten

Hey Hey,
Hallo Tina! Ich würde wirklich gerne mal Ballbusting probieren! Ich stelle mich hin und du trittst mir ein paar Mal in die Eier. Aber so richtig fest. Wenn du magst, kannst sie auch drücken und so. Wäre das für dich vorstellbar? Und was denkst du, kann ich danach noch Kinder machen? Bitte ehrlich was du denkst?
Tom

Anmerkung Caroline:
Aus Rücksicht auf seine möglichen zukünftigen Kinder sagten wir ab.

Anmerkung Viktor:
Nach vielen Wochen in der Branche kann ich mir den »Kick« dieser Praxis nur so erklären, dass es dabei um die entstehende Erniedrigung vor der Frau geht. Was gibt es Schlimmeres für einen Mann als ein Schlag in die Weichteile? Noch mehr wunderte mich, dass Painboy erst 18 Jahre alt war und Ballbusting unbedingt ausprobieren wollte. Ballbusting ist übrigens ein eigenes Genre in der japanischen Pornografie. Dort wird dieser Fetisch Tamakeri (wörtl. Eier-Treten) genannt und bedient masochistische Männer, die diesen Schmerz sexuell stimulierend finden.

Nummer 4

CASH & GO

Folgender Wunsch eines Kunden wird Sie in Staunen versetzen. Wir selbst zweifelten lange, ob es diese Art von Fetisch wirklich gibt. Vorweg kann gesagt werden: Ja, es gibt ihn wirklich. Stellen Sie sich Folgendes vor: Sie treffen einen wildfremden Mann irgendwo auf einem öffentlichen Platz. Wortlos überreicht er Ihnen ein Kuvert mit einem vorher vereinbarten Geldbetrag. Sie nehmen das Kuvert in Empfang und Ihre Wege trennen sich wieder. Das war's. Sie müssen nichts tun, außer das Geld zu nehmen. Was hat der Fetischist davon? Das wollten wir selbst wissen. Lesen Sie die Erklärung von »Cashman24«.

Gesendet: [redacted]
Von: »Cashman24« <[redacted]>
An: Tina.haeschen97@web.de
Betreff: **Just take it!**

Hallo!
Für mich liegt der Kick darin, dass du das Geld einfach ganz selbstverständlich und ohne Gegenleistung annimmst und mich dadurch

ein bisschen ausnutzt. Vielleicht erzählst du mir ja nachher, wofür du es ausgegeben hast ...
Wenn es gut läuft und auch für dich passt, können wir uns gerne öfters auf diese Weise treffen ...
LG Mike

Anmerkung Caroline:

Und genauso ist es auch gelaufen. Wir trafen uns, ich nahm das Geld und unsere Wege trennten sich wieder. Ab und an schrieben wir ihm, wofür wir es benutzen. Neue Schuhe, neues teures Parfum, doch in Wahrheit finanzierten wir das erweiterte Dominaoutfit von Marion, das mehr und mehr notwendig wurde ...

Anmerkung Viktor:

In der Szene verwendet man die Begriffe »Geldherrin« und »Geldsklave«. Der Geldsklave hat die Aufgabe, seiner Herrin jeglichen Luxus zu ermöglichen. Oft wird bei diesem Fetisch auch ein Sklavenvertrag unterschrieben. Hier gibt die Gelddomina die monatlichen Zahlungen vor, was ihr ein fixes Einkommen garantiert, oder der Sklave begleitet die Herrin bei einer Shopping-Tour, die er natürlich zu bezahlen hat. Im Internet finden Sie zahlreiche Seiten von Geldherrinnen, die dort ihre Dienste anbieten, bis hin zu vorgefertigten Verträgen. Wie Mike auch bestätigt, besteht der Reiz für den Sklaven darin, ausgenutzt, gedemütigt und dominiert zu werden. Noch einfacher kann man Geld nicht verdienen. Worauf warten Sie noch?

Nummer 3

FÜTTERE MICH!

Gesendet: [redacted]
Von: »Schluckspecht« <[redacted]>
An: Tina.haeschen97@gmx.at
Betreff: **Füttere mich…**

Hallo, wie geht's dir denn?
Ich suche eine Frau, die ich sauber lecken darf, wo vorher ein anderer reingespritzt hat oder die mich benutzte Gummis auslecken lässt von ihren Lovern. Ist das bei dir möglich, dass du mich fütterst mit dem geilen Saft? Fickst du auch mit Ausländern? Das wäre mich noch lieber. Zahle auch sehr gut dafür.
Fred

Anmerkung Caroline:

Einen Menschen mit dem Inhalt gebrauchter Kondome füttern. Ausländisches Sperma bevorzugt. Starker Tobak. Ich denke, Fred hat nicht nur einen Spermafetisch, es geht ihm primär um die Demütigung.

Anmerkung Viktor:

Diesmal war ich mehr aktiv eingespannt als üblich. Ich war zuständig für die Ware. Also Kondome mit Sperma. Ich tat also, was ich tun musste. Die benutzen Kondome lagerte ich im Kühlschrank zwischen Milch und Schinken. Doppelt und dreifach verpackt in Tupperware und in der Hoffnung, dass keiner meiner Mitbewohner das Spezialpäckchen öffnen würde.

Ich sammelte fleißig – machte ja auch Spaß – und der Kühlschrank wurde immer voller mit Tupperware. Meine Mitbewohner wunderten sich schon. Ich hoffe, es hat nie jemand nachgesehen, was wirklich drinnen ist. Zur Fütterung kam es aber schlussendlich wegen Terminproblemen nie und so wurde auch der Kühlschrank wieder »enttuppert«.

Zum Thema Spermafetisch noch Folgendes: Bei der Praktik Bukkake (aus dem japanischen bukkakeru »spritzen, Spritzer«) wird auf eine Person von mehreren Männern ejakuliert. Ebenfalls aus Japan stammend kommt der Begriff Gokkun (lautmalerisch für das Schluckgeräusch). Er bezeichnet japanische Pornofilme, bei denen eine Frau große Mengen an Sperma konsumiert.

Nummer 2

MINISCHWANZ

Gesendet: [redacted]
Von: »Minimi« <[redacted]>
An: Tina.haeschen97@gmx.at
Betreff: **Lach mich aus…**

Hallo liebe Tina,
Ich bin ein netter, schlanker und gepflegter Mann mittleren Alters.
Ich habe einen sehr kleinen Schwanz. Schlaff ist er 4 cm lang und 1 cm breit und steif 8 cm und 2 cm breit. Er sieht aus wie von einem Schuljungen. Einfach mickrig.
Ich hätte folgende Fantasie. Wir treffen uns an einem öffentlichen Ort (Parkgarage, Park). Ich stelle mich vor dir hin und packe meinen Minischwanz aus. Du fängst an zu lachen und beschimpfst mich wie nutzlos und lächerlich mein Schwänzchen ist. Als TG würde ich dir 50 Euro anbieten. Geht alles ganz schnell.
Was meinst du?
Lg
Minimi

Anmerkung Caroline:
War ein einfacher Job. Ich brauchte mir nur genügend Schimpfwörter ausdenken. Doch in dem Moment, als ich seinen kleinen Penis sah, habe ich mir gedacht, es muss nicht einfach für ihn sein.

Viele Männer verbinden mit der Größe des Penis ihr Ego. Ich hatte Mitgefühl mit diesem Menschen. Ich glaube, das devote Verhalten ist ein Schutzmechanismus.

Anmerkung Viktor:

Diese Thematik scheint ein eigenes Genre im Fetischbereich zu sein. Viele professionelle Dominas bieten auch dieses Service an und viele Männer mit kleinen Penissen wünschen sich diese Demütigung. Auch wir bekamen nicht nur eine Anfrage zu diesem Thema. Im Internet findend man zahlreiche Seiten dazu. Wie z. B. www.minischwanz.com. Dieser Service wird laut der Homepage geboten:

Hier bekommst du Minischwanz Demütigung und Kleinschwanz Erniedrigung der Extraklasse. Private Dominas demütigen und erniedrigen deinen mickrigen Minischwanz in ihren Domina Videos! Bist du ein Minipimmel Träger, der auf Demütigung durch eine Domina steht? Worauf wartest du dann noch?

Nummer 1

DIE WINDE, DIE ICH MAG

Gesendet: [redacted]
Von: »Hannes« <[redacted]>
An: Tina.haeschen97@gmx.at
Betreff: **Die Winde die ich mag…**

Hallo Tina,
ich bin der Hannes und habe wohl einen komischen Fetisch. Zuerst habe ich wirklich darunter gelitten, aber mittlerweile kann ich damit besser leben. Nichts macht mich mehr geil als wenn eine Frau pupst. Der Geruch, das Geräusch. Wunderbar! Ich wollte dich also fragen, ob du vielleicht pfurzen könntest und das dann irgendwie aufnehmen. Würde natürlich auch TG dafür geben. Oder noch besser wäre es,

wir treffen uns, gehen spazieren und du pfurzt dann dabei. Oder du könntest mit mir einen Roadtrip machen. Ich bin Lastwagenfahrer. Ich nehme dich einfach auf eine Tour mit, dann verpasse ich nichts, wenn es losgeht. Ich hätte ein paar tolle Rezepte mit Hülsenfrüchten. Damit's mit den Pfurzen auch wirklich klappt. Was meinst du? Kannst du mir diesen Wunsch erfüllen?
Alles Liebe Hannes

Anmerkung Caroline:

Erstens. Schon meine Mama hat mir beigebracht, niemals zu einem fremden Mann ins Auto zu steigen. Und zweitens. Das war mir einfach zu schräg und für mich nicht steuerbar. Außerdem würde ich mich schämen zu pfurzen. Nein, diesen Wunsch konnte ich nicht erfüllen.

Anmerkung Viktor:

Lustig schräg. Selber pfurzen macht mir aber mehr Spaß, als am anderen Ende die Düfte aufzunehmen. Diese Freude an Verdauungsgasen wird Flatophilie genannt. Man findet zahlreiche Fanseiten im Internet. Dort werden nicht nur die besten Furzrezepte ausgetauscht, sondern auch besondere Furzerlebnisse, Videos, Witze und sogar Furzpoesie. Apropos Poesie. Der wohl berühmteste Vertreter dieses Fetisches ist James Joyce. Hier ein Auszug eines seiner Briefe an seine Frau. (Entnommen aus: *Selected Letters,* James Joyce, 2003, Faber & Faber.)

»It is wonderful to fuck a farting woman when every fuck drives one out of her. I think I would know Nora's fart anywhere. I think I could pick hers out in a roomful of farting women. It is a rather girlish noise not like the wet windy fart which I imagine fat wives have. It is sudden and dry and dirty like what a bold girl would let off in fun in a school dormitory at night. I hope Nora will let off no end of her farts in my face so that I may know their smell also.«

Ich habe mal versucht, das frei zu übersetzen:

Es ist wundervoll, eine furzende Frau zu ficken, wenn sie bei jedem Stoss dabei einen fahren lässt. Ich denke, ich würde Noras Düfte überall wiedererkennen. Ich glaube, sogar in einem Raum voller furzender Damen würde ich sie herausriechen. Ihr Pups hat so ein schönes mädchenhaftes Geräusch, nicht zu vergleichen mit einem nassen, windigen Furz, der, wie ich mir vorstelle, nur von fetten Ehefrauen stammen kann. Sie kommen unvermutet, trocken und schmutzig, wohl genauso als wenn ein freches Mädchen unbekümmert im Studentenwohnheim nächtens einen fahren lässt. Ich hoffe, Noras Fürze in mein Gesicht sind nie enden wollend, sodass ich ihre ganze Duftwolke einfangen kann.

WIE VERKAUFE ICH MEINE HÖSCHEN IM INTERNET?

Eine Anleitung in 11 Schritten

Wenn Sie glauben, es wäre so einfach, Höschen im Internet zu verkaufen, dann täuschen Sie sich. Sie brauchen nur ein bisschen online zu stöbern und Sie werden vom Überangebot der Dienstleistungen erschlagen. Ein wahrer Pornodschungel und heiß umkämpfter Markt. Dennoch kann man erfolgreich sein. Falls auch Sie mal den Wunsch haben, Höschen im Internet zu verkaufen, hier unsere Top 11 Tipps und Tricks.

1. Kenn deinen Markt

Wie bei jeder seriösen Geschäftsidee ist es unabdingbar, den Markt genauestens zu analysieren – einen Blick auf die Konkurrenz zu werfen, um sich dann richtig positionieren zu können. Was bieten die anderen an? Wer sind die anderen Frauen? Welches Wording wird verwendet? Und der wichtigste Punkt: Was unterscheidet mein Produkt (also die fiktive Tina) von den anderen? Kurz gesagt: Was ist mein Alleinstellungsmerkmal? Hierzu möchte wir Ihnen einige Anzeigenüberschriften von einschlägigen Seiten präsentieren und für Sie analysieren.

Rubensmaus im besten Alter und naturgeil auf Schwänze!!!

Übersetzt bedeutet das eine übergewichtige, alte Frau mit nymphomanischer Ader (naturgeil).

Geile_Manu – besuchen – ficken – abspritzen – ohne Gummi

In ihrer Anzeige spricht sie von sich selbst als Fickmatratze, mit der man ALLES anstellen kann. Das Sicherheitsbedenken scheint nicht großgeschrieben zu sein. Hier kann man sicher sein, dass es sich NICHT um eine professionelle Prostituierte handelt. Wohl eher eine Hausfrau, die sich ein bisschen Extrageld dazuverdienen will.

Evelyn: zierlichschlanke, bebrillte Dreiloch-MILF verwöhnt zu optimalen Konditionen

Evelyn ist eine ältere Frau, die Vaginal-, Oral- und Analverkehr anbietet. MILF bedeutet »Mother I'd like to fuck« – wörtlich übersetzt eine Mutter, die ich gerne ficken würde. MILF ist eine feste Genrebezeichnung in der Pornografie, die für attraktive ältere Frauen steht. Optimale Konditionen ist ein schöner Ausdruck für billige Preise.

Ganz süße und liebe Siamkatze bietet Dir komplettes Service. Thailandurlaub zuhause

Mädchen aus Asien, vor allem Thailand, haben einen festen Platz in der Sexindustrie. Sie können sich vorstellen, was man unter kompletten Service verstehen kann.

2. Heb dich von den anderen ab

Tina hatte gleich drei Stärken im Vergleich zu den Mitbewerberinnen. Drei Eigenschaften, die sie mit meiner realen Mitbewohnerin Gerlinde gemein hatte und die mit Sicherheit ein Grund waren für den großen Erfolg ihres Höschenbusiness. Tina war hübsch, schlank, sehr jung (unter 20!), gebildet und einfühlsam. UND sie war keine Professionelle. Das war unser Alleinstellungsmerkmal.

Diese Kombi hatte Seltenheitswert und war deshalb eine Besonderheit, die es uns erlaubte, höhere Preise und exklusivere Kunden zu akquirieren. Nun kann es sein, dass Sie vielleicht keine 20 mehr sind. Kein Problem! Seien Sie kreativ. Schaffen Sie eine Marke. Etwas, dass Sie von anderen unterscheidet.

3. Wähl den richtigen Namen

Auch hier gilt, der Name muss eine Botschaft transportieren. Wir entschieden uns für den Namen Tinahaeschen97. Warum? Ein kurzer, prägnanter Name mit der Kombination eines Tieres mit Verniedlichung (Häschen) mit der Zahl 97 (das Geburtsjahr). Somit verriet unser Profilname gleich mehrere Sachen. Tina ist jung und süß.

4. Schaff einen emotionalen Background

Der wohl wichtigste Tipp. Wie auch bei Onlinedatingseiten gilt hier: Je ausführlicher das Profil erstellt ist, desto vertrauenswürdiger sind Sie. Hauchen Sie Ihrer fiktiven Figur Leben ein. Klarerweise sind die Attribute in einem Sexforum immer auf Sex bezogen. Ihre Lieblingsfarbe interessiert hier kaum jemanden. Alter, Größe, Gewicht, aber vor allem die sexuellen Neigungen stehen hier im Vordergrund. Wir gaben beispielsweise Pornos schauen, Sextoys und erotische Fotografie an. Viel wichtiger ist es aber, zu unterstreichen, dass Tina keine Prostituierte ist, deshalb haben wir uns eine nette Geschichte ausgedacht, warum sie ihre Höschen verkaufen will. Tina startete dieses Business, damit sie von zu Hause ausziehen kann, da der Stress mit den Eltern nicht mehr erträglich ist. Viele Männer lieben es, junge Frauen zu unterstützten, ihnen zu helfen. Sie ist gleichzeitig hilflos, aber auch charakterstark. Sie ist intelligent und hat ein Ziel und versucht nun, dieses Ziel zu erreichen. Das macht Tina real und ihre Motivation ist für viele nachvollziehbar. Auch dass sie keinen Sex anbietet, passt in die Geschichte.

5. Ein Bild sagt mehr als tausend Worte

Der Mensch ist ein Augentier! Sprich, ein Bild sagt mehr als tausend Worte. Klar, wir konnten kein Bild hochladen, das Carolines Gesicht zeigt. Wir wollten anonym bleiben, und jeder Kunde kann nachvollziehen, dass eine 18-jährige Schülerin nicht erkannt werden will. Unser Profilfoto zeigte Caroline bei einem Handstand, die Füße gegen die Wand gelehnt. Ein akrobatisches Mädchen ist immer sexy. Man erkennt, dass sie jung und schlank ist. In den meisten Foren gibt es auch die Möglichkeit, mehrere Fotos hochzuladen. Nutzen Sie diese Möglichkeit! Wir hatten für viele Fetischgruppen etwas zu bieten: Fotos von Füßen, Socken, Schuhen, Zehen u. v. m. Am besten mit dem Handy abfotografiert und keine hochauflösenden Profifotos. Normalerweise hat ein 18-jähriges Mädchen keine Profikameraausrüstung. ;)

6. Bau Vertrauen auf

Bei den meisten Anzeigen in den Foren ist es möglich, Kommentare zu hinterlassen. Fragen Sie also immer Ihre Kunden, ob sie Ihnen einen netten Kommentar auf Ihrer Anzeige oder Ihrem Profil hinterlassen können. Ob sie mit der Qualität und der Dienstleistung zufrieden waren. So erhöhen Sie Ihre Glaubwürdigkeit. Vertrauen ist in diesem Geschäft besonders wichtig. Viele Kunden sind sehr skeptisch – kein Wunder, es gibt jede Menge Fakes. Jung und hübsch entpuppt sich oft als nicht ganz so jung und nicht ganz so hübsch. Je mehr positive Kommentare Sie haben, desto besser ist ihr Standing auf dem Markt und desto mehr Stammkunden werden Sie bekommen. Stammkunden sind zuverlässig und bieten ein regelmäßiges Einkommen. Die Abläufe sind gewohnt und somit stressfreier. Nichts ist frustrierender, als einen Termin mit einem Kunden auszumachen, der dann nicht auftaucht.

7. Sei flexibel

Spontaneität ist das Um und Auf! Sexuelle Energie hat keine fixen Bürozeiten! Viele Jobs ergaben sich, da wir schnell reagierten. Spontane Treffen am gleichen Tag werden auch häufiger eingehalten.

8. Hab Mut

Höschen anonym per Post zu verschicken, wäre zwar bequem und einfach, aber so werden Sie keine hohen Preise erzielen. Nichts erhöht die Glaubwürdigkeit mehr, als wenn Sie die Abnehmer auch persönlich treffen. So können Sie um einiges mehr verlangen und der Kunde ist sich auch sicher, dass es von Ihnen stammt und dass er frische Ware bekommt. Wichtig: Machen Sie solche Treffen nie alleine. Man kann nie wissen!

9. Erweiter dein Angebot

Das Schöne am Fetischismus ist, dass es für alles einen Fetisch gibt. Beschränken Sie also Ihr Angebot nicht nur auf Höschen. Glauben Sie uns: Wir haben wirklich ALLES an den Mann gebracht: gebrauchte Schuhe, stinkende Socken, Strumpfhosen, Sportwäsche, BHs, ja sogar gebrauchte Kondome, abgeschnittene Fingernägel, gebrauchte Tampons, abgefüllten Urin und sogar Kot!!! Gehen Sie auf die Wünsche der Fetischmenschen ein und sie werden Sie reich belohnen!

10. Bleib in der Rolle

Sie müssen nicht nur eine Fake-Identität schaffen. Wichtig ist, dass Sie in Ihrer Rolle bleiben. Sowohl online als auch offline. In unserem Fall ist Tina ein 18-jähriges Schulmädchen, also musste auch der Schreibstil dazu passen: viele Zwinkersmileys, ein lockerer, naiver Schreibstil, einige Rechtschreibfehler. Und auch offline müssen Sie in Ihrer Rolle bleiben. Stellen Sie sich vor, Sie treffen einen Kunden für eine Höschenübergabe und Ihr Kunde möchte sich noch etwas mit Ihnen unterhalten. Seien Sie auf mögliche Fragen Ihrer Kunden vorbereitet. »Was willst du nach der Schule studieren? In welche Schule gehst du? Was wirst du in den Sommerferien machen? Was sind deine Lieblingsfächer in der Schule?« Wie bei einer erfundenen Figur in einem Buch oder Film müssen Sie eine komplette Welt kreieren. Natürlich können Sie auf manche Fragen vage antworten, um die Anonymität zu wahren.

11. Nutz die Gimmicks der Plattformen

Bei vielen Plattformen besteht die Möglichkeit, mit anderen Usern befreundet zu sein. Viele Freunde können nie schaden. Holen Sie die Kunden dort ab, wo sie zu Hause sind. In vielen Foren gibt es Unterforen mit höschenspezifischen Themen. Klicken Sie sich dort in die Diskussion mit ein – natürlich mit dem dezenten Hinweis, dass Sie Ihre eigenen auch gerne verkaufen würden. Solche Aktionen werden zwar vom Moderator nicht gerne gesehen, helfen aber ungemein beim Akquirieren neuer zuverlässiger Kunden. Foren sind dazu da, sich auszutauschen. Starten Sie selbst eine Diskussion mit den Usern. »Warum macht es euch geil, an feuchten Höschen zu schnuppern?«

EPILOG 2

DAS WAR NOCH NICHT ALLES ...

Viktor:
Freitagabend. Drei Monate nach dem Experiment. Ich sitze auf der Couch und bin am Chillen. Gerlinde stolziert an mir vorbei. Schick angezogen, elegant hergerichtet. Rote Fingernägel, schwarzes, elegantes Kleid, High Heels, hochgesteckte Haare. Ein Hauch von Parfum streift meine Nasenflügel. »Gehst du zu einem Ball?«
»Fast«, schmunzelt sie mich an. »Ich treffe mich mit einem meiner Sugardaddies in der Oper und danach gehen wir zum Hummeressen ins feinste Restaurant der Stadt.«

»Wie, was – Sugardaddies!?«

»Ja, ich hab mehrere davon. Mein heutiges Date ist ein Geschäftsmann aus der Schweiz – er ist in der Stadt, weil seine Firma eine neue Filiale eröffnet, und immer wenn er da ist, führt er mich nett aus. Ich hab zwar nicht wirklich Lust heute fortzugehen, aber er bezahlt ja meine Miete.«

Meine Augen wurden immer größer und plötzlich machte es auch Sinn. Ich wunderte mich schon, warum ihre Miete von einem Schweizer Konto bezahlt wurde.

»Ja aber, was wollen die im Gegenzug? Mit Sicherheit Sex«, frage ich skeptisch.

»Die würden sicher nicht Nein zu Sex sagen, klar, aber das entscheide ich. In erster Linie geht es Ihnen darum, sich um jemanden zu kümmern. Sich um junge Mädchen zu kümmern. Ich habe auch zwei Daddies in Amerika und einen aus Saudi Arabien, die mich finanziell unterstützen und die ich noch nie persönlich getroffen habe. Mit denen skype ich hin und wieder, erzähle ein bisschen von meinen Alltagsproblemen, und wenn ich Geld brauche für z. B. eine neue Waschmaschine, dann überweisen die mir das. Kein Scherz!«

Ich greife zu meinem Handy und tippe Sugardaddy auf Google ein. Tatsächlich, sofort finde ich einige professionelle Seiten mit reichen Männern, die Mädchen finanziell unterstützen wollen.

Das gibt es wirklich! Und wiederum war Gerlinde eine Groß-meisterin auf diesem Gebiet.
Ich tippe eine SMS an Caroline.

Lust auf ein neues Experiment …?

ENDE

DANKE DANKE DANKE!

Großer Dank gilt unserer großartigen Lektorin S. T., die sich wie wir auf ein Abenteuer gestürzt hat und die uns bei jedem unserer Anliegen immer sofort zur Stelle gewesen ist. Du hast uns aus so manch verfahrener Situation geholfen und warst unser Polarstern, der uns immer die richtige Richtung gewiesen hat.

Vielen lieben Dank auch an folgende Personen:

»Maruska«
»Ferdinand Sander«
»[jyunin]«
»Willibald Terronesi«
»Picard Pentacon«
»Veronika Grün«
»Lynette«

Sie halfen uns beim Schreiben dieses Buches mit Rat und Tat.

Großen Dank auch an den Ueberreuter Verlag
und an Frau Birgit Schott.

Außerdem Dank an alle Fetischisten, deren Geschichten uns inspiriert haben, dieses Buch zu schreiben.

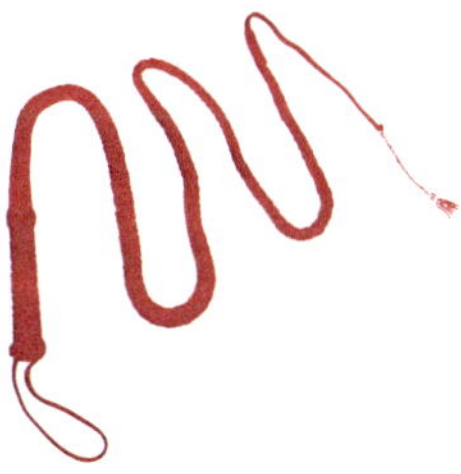